JAMMERLAND

IST ABGEBRANNT !

Yvette Reinberger

WARUM JETZT DER RICHTIGE ZEITPUNKT IST, DEIN DING ZU MACHEN

INHALT

Intro

<mark>ANFANGEN DURCH</mark>

<mark>AUFHÖREN</mark>

Ich bin Ende 20 und total aufgeregt: In dem grossen Unternehmen, in dem ich gerade einen tollen Job angetreten habe, wird nur französisch gesprochen – und ich kann nur mit meinem Schulfranzösisch aufwarten. Außerdem bin ich erst hierher gezogen, alles ist noch fremd, ich fühle mich so allein wie noch nie. Aber ich bin fest entschlossen, richtig gute Arbeit abzuliefern.

Also beeile ich mich jeden Morgen, in die Firma zu kommen. Ich werfe der Dame, die am Info-Desk im Foyer sitzt, ein schnelles „Ça va?" hin. Meine Kollegen grüsse ich auch nur ganz kurz, bevor ich in meinem Büro verschwinde. Dort schaue ich nervös meinem PC beim Hochfahren zu: Ich will endlich starten!

Damit ich durch die Mittagspause keine Zeit verliere, habe ich mir auf dem Weg ein Sandwich gekauft. Bei Starbucks nehme ich mir noch den immer gleichen Kaffee mit. Wenigstens das fühlt sich ein bisschen nach Gewohntem an.

So unglaublich fleissig, wie ich bin, kann ich gar nicht verstehen, warum meine Projekte nicht vorangehen. Und ich fange an zu jammern: Warum unterstützen mich meine Kollegen so wenig? Warum sind die Dinge nie fertig, wenn ich sie brauche? Warum mache ich das überhaupt?

Mein Chef, für den ich früher schon als Freelancerin gearbeitet habe, kriegt davon Wind und zitiert mich in sein Büro. Ich erwarte einen Anpfiff, aber stattdessen sagt er zu mir: „Mais non, Yvette. Was ist los? Ich erkenne dich gar nicht mehr wieder?!"

ER HAT RECHT.
ZUM TEUFEL MIT
JAMMERLAND

Und ich muss ihm recht geben: Seit ich hier bin, agiere ich wie ein Roboter. Völlig frei von Freude.

Er fährt fort: „Lass dich ein auf das Abenteuer und auf die Menschen hier. Sei wieder du selbst. Und hör' auf zu jammern. Okay?" Ich nicke und denke: ‚Er hat recht. Zum Teufel mit Jammerland!'

Und ab diesem Tag mache ich alles anders. Bei Starbucks lasse ich mir jeden Morgen einen anderen Kaffee geben. Ich plaudere mit der Dame im Foyer. Während mein Rechner hochfährt, stecke ich meinen Kopf bei den anderen aus der Abteilung hinein. Ich zeige ihnen meinen neu erworbenen, bunten Coffee-to-go-Becher und lasse mir von ihren Erlebnissen am Wochenende berichten.

Die hyperkorrekten Hosenanzüge stopfe ich ganz hinten in den Schrank und hole wieder meine farbenfrohen, frechen Sachen hervor. Ich bin wieder „une petite Extrawurst", wie es meine französischen Kollegen ausdrücken. Ich bin wieder ich. Und ich entdecke, wie zugewandt die anderen eigentlich sind und um wie viel besser meine Projekte laufen – jetzt, da ich angefangen habe, mit dem Jammern aufzuhören.

Et voilà, ça roule!

Kapitel 1

Mein Erlebnis damals in Genf ging mir erst kürzlich wieder durch den Kopf. Wahrscheinlich weil ich es langsam nicht mehr aushalte: Ich habe das Gefühl, dass immer mehr gejammert wird. So viel, dass ich es einfach nicht mehr hören kann. So viel, dass ich mich gefragt habe, ob langsam alle Welt in Jammerland zu Hause ist.

Jammerland? Wo liegt denn das? Darüber habe ich mal nachgedacht und meine Augen und Ohren aufgesperrt. Und ich kann euch berichten, ich bin ganz schön erschrocken. Ich musste nämlich feststellen:
Jammerland ist überall.

Dabei gehört das Jammern eigentlich ersatzlos gestrichen – finde ich jedenfalls. Und ich habe mir überlegt, wie eine Welt ohne Jammern aussehen würde. Darüber habe ich dieses Buch geschrieben: Für alle, die auch die Nase voll haben von der Jammerei um sie herum. Für die, die sich manchmal selbst beim Jammern ertappen und das eigentlich doof finden. Für die, die von der Welt etwas anderes wollen als Gejammer und die deshalb der Welt helfen wollen, damit aufzuhören.

Wenn wir das wollen, müssen wir aber als erstes fragen: Warum jammern denn alle?

Reine Gewohnheit

Den meisten geht es ja objektiv nicht schlecht. Und selbst bei denen, denen es wirklich schlecht geht, denke ich mir oft: Warum jammern? Das macht deine Lage doch um keinen Deut besser!

Ich habe fast den Eindruck, dass die meisten es einfach gewohnt sind, zu jammern. Sie merken es selbst gar nicht mehr. Die halten Jammern für total normal.

JAMMERN IST NORMAL GEWORDEN.

Wahrscheinlich ist das sogar so: Jammern ist normal geworden. Das macht es umso gefährlicher, wenn das Jammern schon gar nicht mehr als solches erkannt wird.

Deshalb will ich mit euch erst einmal genau hinschauen, wo sich das Jammern bei uns überall versteckt. Lasst uns in diesen ersten Kapiteln einen Streifzug durch Jammerland machen: Wir schauen in die privaten Jammerecken genauso wie in die beruflichen und gesellschaftlichen. Ihr werdet sehen, dass Jammerland wirklich überall ist. Und auch, warum das so ist.

Zum Beispiel da, wo sich zwei mal zusammengetan haben, weil sie sich liebten.

Wie früher

Die haben also geheiratet – oder auch nicht –, jedenfalls leben sie als Paar. Und spätestens, wenn Kinder kommen, groovt sich immer noch eine archetypische Aufteilung ein. Meistens sprechen die beiden gar nicht darüber, sondern es ist sonnenklar: Er ist der Ernährer und sie kümmert sich um das Zuhause. Selbst wenn die Frau berufstätig bleibt oder sogar ein eigenes Unternehmen gründet: Wenn ihr andere darüber reden hört, klingt das immer so ein bisschen wie „Ach, das macht die so nebenher."

Was ich krass finde, ist, dass jeder für sich über die Situation jammert.

Bei Frauen passiert das oft, wenn sie zusammensitzen und sich über ihre Männer beklagen. Ich habe manchmal das Gefühl, die Männer können tun, was sie wollen: Aus Sicht ihrer Frauen gibt es immer etwas zu meckern.

Erst neulich im Restaurant sass ganz nah von meinem Tisch so eine Damenrunde. Ich hatte gar keine andere Chance als zuzuhören, als die eine lautstark verkündete: „Ich kam vorgestern Abend total kaputt nach Hause. Mein Mann war am Kochen.

Ihr könnt euch nicht vorstellen, wie die Küche ausgesehen hat: Als wäre eine Bombe eingeschlagen!"

Die anderen schüttelten nur missbilligend und verständnisvoll die Köpfe.

Ich war total perplex. Anstatt dass sich die Frau freut, dass ihr Mann ihr etwas Schönes zum Essen serviert, jammert sie darüber, dass er nicht gleichzeitig die Küche aufräumt.

Männer sind da anders ...

Stiller Jammertod

Die jammern auch. Aber das fällt nicht so auf, denn sie jammern meist leise in sich hinein. Vielleicht tendieren sie deshalb eher zum Burn-out oder bei der Mountainbike-Tour am Wochenende plötzlich umzufallen. Weil sie ihre Klagen noch nicht einmal irgendwo abladen können.

Männer hadern beispielsweise oft mit ihrer Rolle als Ernährer. Die meist stillschweigende Verpflichtung, ihrer Familie etwas bieten zu müssen, führt dazu, dass sie verzweifeln, wenn es in der Firma vielleicht mal nicht so läuft. Vielleicht erreichen sie ihren Umsatz nicht, vielleicht werden Zulagen gestrichen.

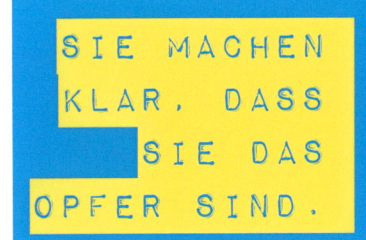

SIE MACHEN KLAR, DASS SIE DAS OPFER SIND.

Ich weiss von Männern, die auf dem Parkplatz in ihrem Auto sitzen und weinend vor sich hinjammern. Sie wollen zu Hause nicht zugeben müssen, dass sie nicht „liefern" können. Spätestens mit 40 Jahren muss „Mann" doch Haus gebaut, Baum gepflanzt, Kind gezeugt haben.

Diese Erwartung muss noch nicht einmal ausgesprochen werden, die hat sich einfach in vielen Köpfen festgesetzt.

Egal auf welche unterschiedliche Weise Männer und Frauen jammern: Was sie gemeinsam haben, ist, dass sie dadurch klarmachen, dass sie das Opfer sind.

Ich Arme, ich Armer

Jemand anderes ist schuld an der Situation – der ist der Täter. Dem Opfer bleibt nichts anderes übrig, als das zu erdulden.

Ein Opfer erwartet keine Wertschätzung, weder von sich noch von anderen. Da wir alle aber den dringenden Wunsch haben, gesehen zu werden, verlegen sich Opfer auf eine besondere Strategie, Aufmerksamkeit zu erhaschen: Sie jammern.

So wird Jammern zu einer gefährlichen Ersatzbefriedigung für Wertschätzung, denn sie zementiert die Opferhaltung.

Und jetzt malt euch aus, was die Kinder dieser Männer und Frauen tagtäglich von Mama und Papa vorgelebt bekommen: Mit Jammern erreichst du Beachtung.

Hey, kein Wunder, dass sich Jammerland immer weiter ausbreitet!

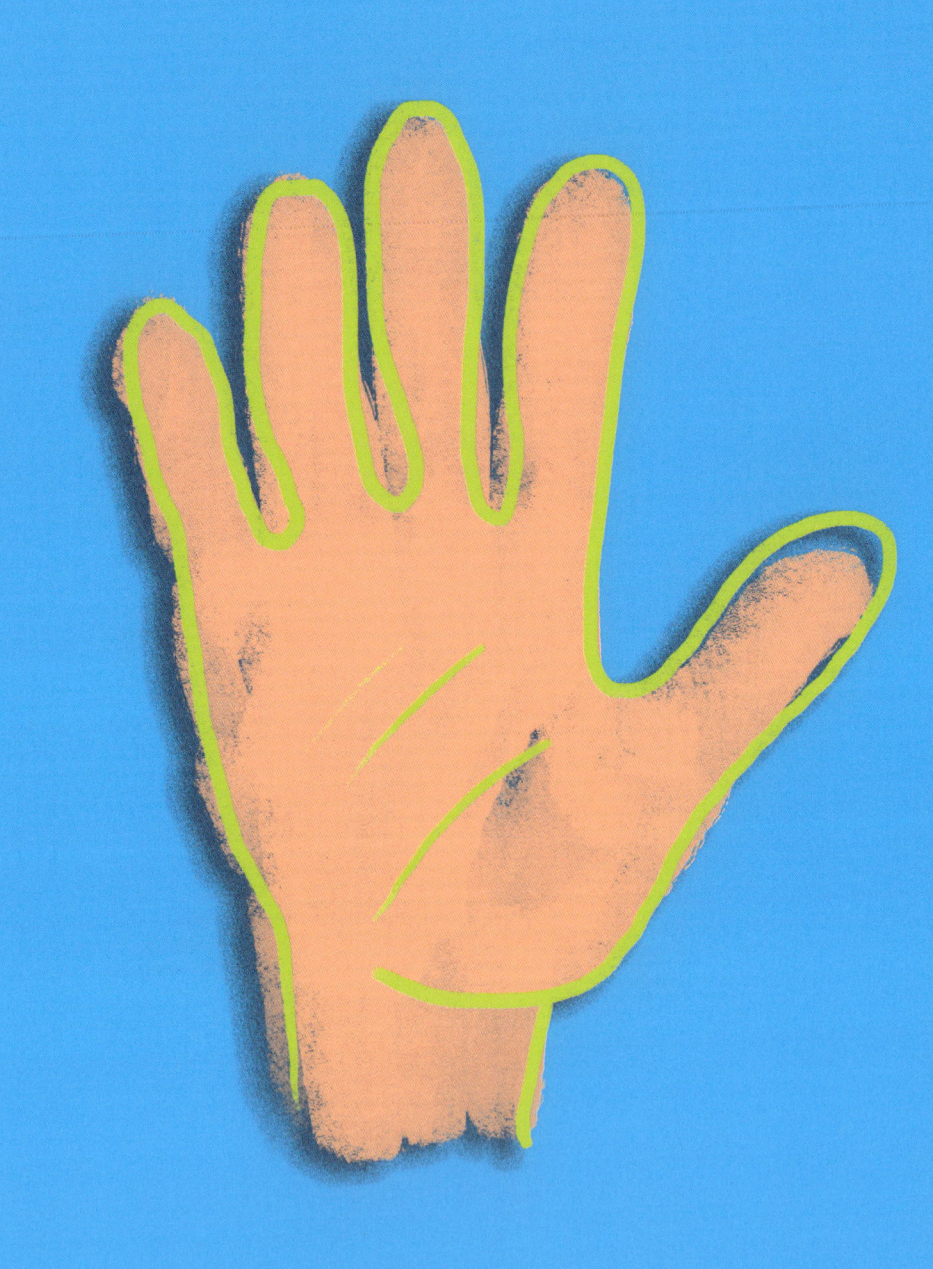

Kapitel 2

ABGEWIESEN

In Sachen Jammern geht es nicht nur innerhalb der Familie rund, sondern fast noch mehr im Bekanntenkreis. Ich sage absichtlich nicht Freundeskreis, denn echte Freunde hat jeder nur ein paar wenige und die sind handverlesen. Bekannte haben wir alle viele und die können wir uns nicht immer aussuchen.

Ich muss da zum Beispiel an meine (echte) Freundin Giulietta denken: Sie ist Italienerin und ein superpositiver Mensch. Wenn sie lacht, hört ihr das kilometerweit. Jammern ist so gar nicht ihr Ding, deshalb hat sie die folgende Erfahrung umso härter getroffen.

Am Rande des Eises

Sie hat nämlich zwei Söhne, die leidenschaftlich und richtig gut Eishockey spielen. Das heisst, Giulietta bringt die beiden dreimal in der Woche ins Training. Da der Weg zur Halle weit ist, lohnt es sich für sie nicht, zwischendrin wieder nach Hause zu fahren. Sie verbringt also die Zeit am Spielfeldrand – zusammen mit all den anderen Eishockey-Eltern.

Damit hat sie echte Schwierigkeiten, denn die haben sich zu einer Art Leidensgemeinschaft zusammengefunden. Und schaffen sich einen gemeinsamen Kontext, indem sie miteinander jammern. Tatsächlich finden sie immer etwas oder jemanden, über den sie jammern können.

Mal ist es der Trainer, der die Kinder in ihrer Leistung nicht richtig beurteilt. Mal ist es der gegnerische Verein, der beim Auswärtsspiel nicht genügend Getränke bereitgestellt hat. Mal ist es der eigene Verein, bei dem die Heizung in den Umkleidekabinen ausfällt. Wichtig ist nur, dass einer die Schuld trägt und alle gemeinsam auf ihn schimpfen können.

Die jammern sich richtig in Rage. Es ist fast wie ein Wettbewerb, aber eben einer, der neben dem Eis unter den Eltern ausgetragen wird: Wer jammert am lautesten?

Wider Willen

Giulietta will sich daran eigentlich überhaupt nicht beteiligen und oft sogar widersprechen, aber sie hat keine Chance. Denn wer nicht mit ins Jammerhorn stösst, ist draussen. Der gehört nicht dazu.

Für sich selbst könnte sie das ja noch verkraften, aber sie hat echte Bedenken, dass ihre Kinder darunter leiden, wenn die

Eltern die Aversion gegen sie auf diese übertragen.

Das ist gar nicht selten, dass ihr euch entscheiden müsst: Wollt ihr dazu gehören, habt ihr der gleichen Meinung zu sein. Sonst fliegt ihr raus.

WER NICHT MIT INS JAMMERHORN STÖSST, IST DRAUSSEN. DER GEHÖRT NICHT DAZU.

Meine Beobachtung ist sogar: Menschen jammern in Gruppen so gerne, dass ihr noch nicht einmal widersprechen müsst, um eine Runde zu sprengen.

Das Jammer-Gesetz

Mir ist es jedenfalls schon häufiger so gegangen: Es sitzen vielleicht zehn Menschen zusammen und reden miteinander. Und als wäre es ein Gesetz, fängt spätestens nach 20 Minuten einer an zu jammern. Ihr könnt die Uhr danach stellen.

Ich habe schon so oft versucht, diesem Jammern einfach keinen Raum zu geben, doch es funktioniert nie. Ich werde sofort zum Buhmann abgestempelt, wenn ich nicht darauf eingehe. Die ganze Gruppe hat auf einmal dringend das Bedürfnis, auch ein bisschen mitzujammern.

Selbst wenn es um belanglose Dinge geht und ich noch nicht einmal dagegen rede: Es muss gejammert werden.

Übrigens: Je mehr Teilnehmer der Kreis hat, umso schneller und härter schlägt dieses „Jammer-Gesetz" zu.

Offensichtlich gibt es eine tiefe Sehnsucht nach Sicherheit durch Einigkeit – und das Jammern ist der kleinste gemeinsame Nenner, in dem sich (fast) alle wiederfinden.

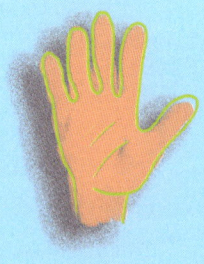

Kapitel 3

ABGEMAHNT

Wenn ihr in grösseren Unternehmen arbeitet, kennt ihr die Situation sicher auch: Da ist eine Abteilung, in der läuft es nicht mehr rund. Früher hat alles gepasst, aber jetzt ist vielleicht die Zeit darüber hinweg gegangen. Oder ein paar Leute haben gewechselt. Oder die Stimmung hat sich aus anderen Gründen eingetrübt. Jedenfalls ist die Lage aktuell nicht gut. Und alle jammern darüber.

Gleich morgens beim ersten Kaffee tauschen sich die Mitarbeiter aus, was wieder schief gegangen ist, wie unfähig der Chef oder einer der gerade nicht anwesenden Kollegen ist und dass dringend etwas verändert werden muss. Mancher denkt, dass am besten alles so werden soll wie früher.

Und dann kehrt tatsächlich ein neuer Wind in der Abteilung oder sogar im ganzen Unternehmen ein. Die Geschäftsführung hat beschlossen, eine neue Idee umzusetzen. Da müsste man ja meinen, dass sich alle freuen. Denn wenn ihr ihnen vorher beim Jammern zugehört habt, musstet ihr den Eindruck bekommen: Es kann nur besser werden.

Aber Pustekuchen!

Nee, nee

Ich habe das erst vor Kurzem wieder erlebt, als ich einen Unternehmer bei so einem Prozess begleitet habe: In diesem Fall war es keine Abteilung, sondern ein Führungskreis. Der Unternehmer wollte eine neue Philosophie in die Firma einbringen, um sie am Markt wieder erfolgreich zu machen. Jeder in dem Kreis wusste, dass die Veränderung dringend notwendig war, und doch taten sie sich schwer damit. Einer sperrte sich sogar total und weigerte sich, auch nur einen Millimeter aus seiner Komfortzone herauszutreten. Es blieb kein anderer Ausweg, als ihn zu versetzen, und eine Führungskraft in den Zirkel zu holen, die die neue Philosophie schon sehr gut internalisiert hatte.

DIE FÜHLTEN IHR JAMMERLAND BEDROHT,

Und dann geschah etwas Spannendes. Oder soll ich sagen: Trauriges? Die verbliebenen Mitglieder des Jammerkreises haben diese Neue regelrecht abgemahnt. Die fühlten ihr Jammerland derart bedroht, dass sie ihr deutlich zu verstehen gaben: „Nee, nee! So läuft das hier nicht!"

Noch ist tatsächlich nicht klar, ob es in dieser Firma vorangehen kann, ohne dass noch weitere Versetzungen notwendig werden. Jetzt braucht ihr aber nicht glauben, dass das eine Sache von Alt gegen Jung ist …

Zu viel

Ich kenne eine Frau, die hat kurz vor ihrer Pensionierung noch das Direktorat einer Schule übernommen. Voller Freude ging sie daran, die dringend notwendigen Modernisierungen an deren System anzugehen. Sie war überzeugt, dass sie dabei zumindest die jungen Lehrer auf ihrer Seite hatte.

Doch sie erlebte eine Überraschung. Von den älteren Lehrer hörte sie: „Ja, das finden wir spannend. Wir sind dabei." Die Jungen aber sagten mahnend: „Wir möchten es so machen, wie wir es gelernt haben. Auch wenn wir wissen, dass das jetzige System nicht gut ist: Jetzt etwas zu verändern, wäre uns zu viel der Aufregung."

Aus diesem Beispiel habe ich etwas gelernt.

Der rote Faden

Unabhängig vom Alter gibt es viele Menschen, deren Komfortzone sehr klein ist. Umso heftiger beharren sie darauf, auf diesem Terrain zu bleiben. Selbst wenn die Komfortzone in Jammerland liegt, jammern sie lieber weiter als etwas zu ändern. Sie hassen jedes Risiko. Das zieht sich wie ein roter Faden durch ihr Leben.

Ich habe mir deshalb angewöhnt, danach zu fragen, was die Menschen, denen ich beruflich begegne, in ihrer Freizeit machen. Wenn einer zum Beispiel regelmässig segeln geht, ist das ein Zeichen, dass er stressresistent ist: Er ist es gewohnt, auch mit wechselnden Wetterbedingungen umzugehen.

AHA, DA HAT EINER LUST, ANZUPACKEN STATT IN JAMMERLAND HOCKEN ZU BLEIBEN.

Oder wenn einer in einem Verein oder einer anderen Organisation engagiert ist, weiss ich: Aha, da hat einer Lust, anzupacken statt in Jammerland hocken zu bleiben. Der macht das nicht so wie die, die ich mit euch im nächsten Kapitel bei einer ganz besonderen Form des Jammerns anschaue ...

Kapitel 4

ABGESCHOBEN

„Frühstücksdirektor" ist ein lustiges Wort. Ich habe nachgeschaut: Es steht sogar in Wikipedia. Gemeint sind Führungskräfte, die in einem Unternehmen keine operativen, sondern nur (noch) repräsentative Aufgaben haben. Ein paar von diesen Frühstücksdirektoren, die ich kenne, sind nicht freiwillig auf ihrem Posten gelandet. Sie wurden abgeschoben.

Die waren nämlich unbequem. Die wollten sich nicht mit den ausgetretenen Wegen im Unternehmen zufriedengeben, sondern grosse Veränderungen anstossen – und haben sich damit zu weit aus dem Fenster gelehnt. Denn manchmal sitzt auch ganz oben im Unternehmen einer, der lieber jammert als zu verändern. Und wenn die Kündigung die Firma zu teuer kommt, dann schiebt sie diese „Querulanten" halt eben auf ein gut dotiertes Abstellgleis.

Abschieben funktioniert in Jammerland auf alle möglichen Weisen …

Der andere

Ganz besonders gern genommen wird das Abschieben der Verantwortung in jeglicher Art. Da ist zum Beispiel die Führungskraft, die ständig jammert, was ihr Vorgänger für einen Bockmist gebaut hat – und das noch Jahre nach dem Wechsel. So kann sie alle Verantwortung für das, was jetzt schief läuft, von sich weg schieben.

JAMMERN KANN GANZ SCHÖN PRAKTISCH SEIN.

In manchen Abteilungen wird die Verantwortung auch im Kreis verschoben: Von den Mitarbeitern auf die Führungskraft, von der Führungskraft auf die Unternehmensleitung und von dort wieder zu den Mitarbeitern. Alle jammern, doch keiner nimmt die Verantwortung zu sich. Jammern kann ganz schön praktisch sein.

Zu wenig

Praktisch ist es auch, wenn ein Team toujours darüber jammert, dass sein Budget zu knapp ist. Wenn sie keinen Erfolg haben, können sie die Verantwortung auf das fehlende Geld schieben.

Teilweise züchten sich die Unternehmen und Systeme aller sonstigen Couleur diese Jammerei auch selbst heran: Wenn im nächsten Jahr nur die Budgets von denen steigen, die laut gejammert haben, sind die anderen, die kreativer mit ihrem Geldtopf umgegangen sind, die Gelackmeierten. Und überlegen sich, ob es nicht schlauer ist, ab jetzt ebenfalls ihre Energie aufs Jammern statt auf einfallsreiche Lösungen zu verlegen.

Das kann für ein Unternehmen richtig gefährlich werden.

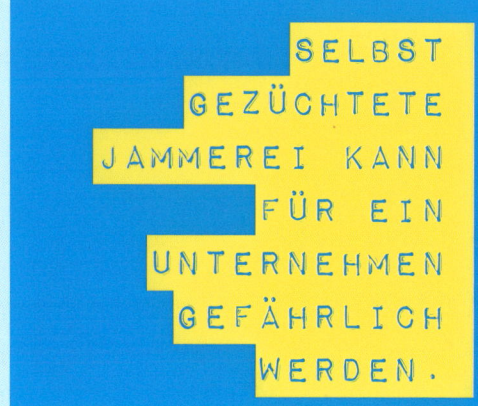

Ähnlich funktioniert der Mechanismus beim Jammern über zu viel Arbeit.

Zu viel

Solches Jammern kann ganz subtil ablaufen. Wenn einer es zum Beispiel so einrichtet, dass er immer noch am Schreibtisch sitzt, wenn der Chef geht, und dem dann einen jämmerlichen Blick zum Abschied zuwirft: Ich finde, das ist Jammerland pur und alles andere als eine Lösung.

Der übernimmt nicht die Verantwortung, seinen Arbeitsbereich so zu organisieren, dass er seine Aufgaben in angemessener Zeit hinkriegt – oder eben mit dem Vorgesetzten über eine Umverteilung zu sprechen.

Und ich wundere mich schon, warum jemand lieber jammert als über Lösungen zu sprechen. Aber dieses Phänomen gibt es auch im ganz grossen Rahmen, wie ich euch im nächsten Kapitel zeige.

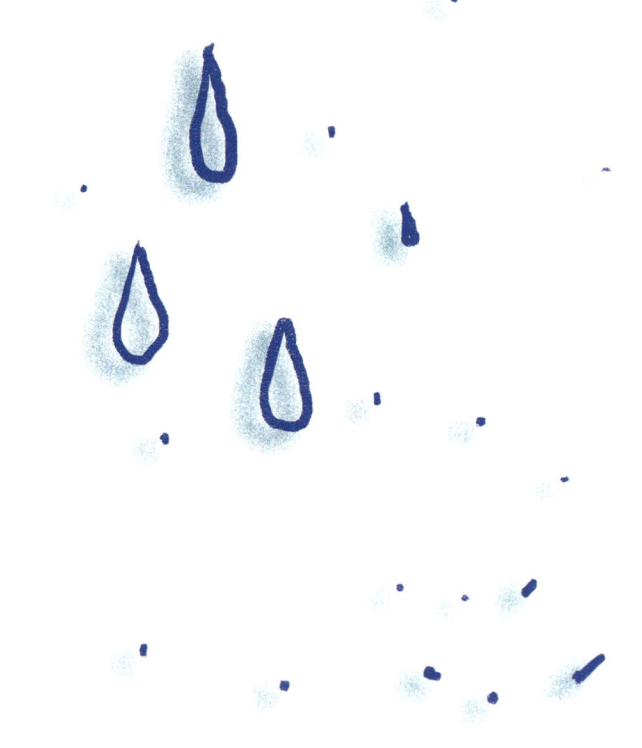

Kapitel 5

ABGEFACKELT

Wenn nur lange genug nicht mehr über die eigentliche Ursache des Jammerns gesprochen wird, gerät sie tatsächlich irgendwann in Vergessenheit. Was bleibt, ist das Jammern.

Der Streit

Ich hatte einmal einen Unternehmer im Impulsing, der hatte einen Bruder. Die beiden führten schon seit vielen Jahren gemeinsam das väterliche Unternehmen. Doch zusammen an einen Tisch gesetzt hatten sie sich schon lange nicht mehr.

Es hatte einen Streit gegeben. Von diesem Tag an jammerte jeder der beiden im Stillen: Der jeweils andere trage die Schuld an diesem Zerwürfnis und müsse sich erst entschuldigen, bevor man wieder miteinander reden könne.

Als ich den Unternehmer fragte, worum es bei diesem Streit gegangen war, wusste er es nicht mehr. Und auch sein Bruder hatte vergessen, worum es ging. So nichtig war die Angelegenheit offensichtlich gewesen.

Doch keiner konnte die verbrannte Erde zwischen ihnen überwinden und das Jammern hat verhindert, dass zwischen ihnen beiden wieder eine Verbindung wachsen konnte.

Alle Chancen, die die beiden miteinander und für ihr Unternehmen hätten nutzen können, zogen ungesehen vorbei. Hätten sie die ursprüngliche Streitursache nicht so gründlich verdrängt, wären sie in der Lage gewesen, die Lösung zu erkennen.

ALLE CHANCEN ZOGEN UNGESEHEN VORBEI.

Und so setzt sich die Jammerei ewig fort, weil keiner mehr weiss, worüber wirklich gejammert wird. Das passiert nicht nur Individuen. Dieses Phänomen kann ganze Länder betreffen.

Die Schuld

Tiefe traumatische Erfahrungen machen Nationen über Jahre und Jahrzehnte zum Jammerland. Der Zustand wird von Generation zu Generation weitergegeben. Das ist wie eine offene Wunde, die einfach nicht verheilen will, und ist als System selbsterhaltend.

Deutschland ist ein Beispiel dafür, dass eine grundständige Jammerhaltung sich so viele Jahre halten kann. Keiner weiss mehr so recht, über was eigentlich genau gejammert wird. Es ist ein Gefühl, dass etwas nicht vorhanden ist, was gebraucht wird. Was genau? Tja ...

Denn über die eigentliche Ursache wurde viel zu lange nicht gesprochen. Alle wollten die vielen Verbrechen gegen die Menschlichkeit dieser Zeit lieber vergessen. Ein kollektiver Verdrängungsmechanismus verhinderte, dass die Älteren den Jüngeren erzählten, was da gewesen war. Fragten die Jungen nach, wurden sie zurecht gewiesen. Und wenn denen das zwei- oder dreimal passiert war, dachten sie: ‚Also gut, bevor ich mich unbeliebt mache, lasse ich das mit dem Nachfragen bleiben.' – Das Schweigen pflanzte sich fort.

Auf Zehenspitzen

So hat sich der Zustand des Jammerns verfestigt und wirkt seit der Nachkriegszeit bis heute nach. Noch immer läuft Deutschland auf Zehenspitzen und mit eingezogenem Kopf durch die Welt. Das Land schaut nicht auf seine Schätze, sondern auf seine Defizite. Eine Bundeskanzlerin Angela Merkel tritt gegenüber Despoten wie dem türkischen Präsidenten Erdoğan nicht selbstbewusst auf. Das emotionale Brachland der Nation begrünt sich nur ganz, ganz langsam.

SCHWEIGEN HÄLT DAS JAMMERN SOGAR ERST RECHT AM LEBEN.

Eigentlich müsste man meinen, dass Jammern und Schweigen gar nicht zusammengehen. Tut es aber doch. Und das Schweigen hält das Jammern sogar erst recht am Leben. Ich finde, dass dieses Schweigen schon an unterlassener Hilfeleistung grenzt: Wenn die Älteren ihre Erfahrungen zurückhalten anstatt sie an die junge Generation weiterzugeben, geben sie ihnen keine Chance, daraus zu lernen.

Alles, was zurückbleibt, ist Jammern. Wenn das nicht furchtbar ist, weiss ich es auch nicht!

So, jetzt ist aber wirklich genug mit dem Blick ins Jammerland, findet ihr nicht auch? Na, dann kommt! Lasst uns mal
schauen, ob das nicht auch anders geht ...

Kapitel 6

ZEIT FÜR EXPERIMENTE

Wie ist das bei euch, wenn ihr morgens aufwacht? Was geht euch als erstes durch den Kopf? Etwas, was ihr heute mit Freude tun werdet? Oder eher etwas, bei dem ihr allein von der Vorstellung Bauchschmerzen kriegt? Wenn das der Fall ist: Iiiih, das ist fies. Denn dann habt ihr ja schon schlechte Laune, bevor ihr einen Zeh unter der Bettdecke vorgestreckt habt. Und damit heisst's gleich morgens: willkommen in Jammerland!

Ihr müsst nicht meinen, dass mir das noch nie passiert ist. Aber ganz ehrlich: Mir passiert das nie zweimal hintereinander. Meine „Jammer-Latte" hängt einfach zu tief. Allein die Abwesenheit von Freude am Morgen fühlt sich für mich wie Jammern an und das lässt bei mir die Glocken läuten. Die signalisieren einerseits: Alarm, da ist etwas nicht richtig.

Und gleichzeitig läuten sie für mich eine neue Zeit ein – die der Experimente.

So wie damals zum Beispiel, als ich noch angestellt war …

Auf dem Weg zur Kaffeemaschine

Ich arbeitete für eine grosse Firma, hatte ein tolles Team, einen grossartigen Chef, das Produkt war spannend, der Umsatz stimmte – alles lief. Ich lebte auf einem ausnehmend schönen Gehöft, war viel unterwegs und hatte es rundherum gut. Doch eines Morgens wachte ich auf und merkte: Es war etwas nicht so wie sonst. Ich war zwar wie immer sofort im Hier und Jetzt, die Energie war da – doch die Freude fehlte.

SEHEN, WAS MÖGLICH IST, GEHT ERST MIT DEM ENSCHEID, ETWAS ZU ÄNDERN.

Ich stand auf und noch bevor ich bei meiner Kaffeemaschine angelangt war, wusste ich: ‚Da ist etwas zu Ende. Ich werde heute noch meinen direkten Vorgesetzten anrufen und ihn um ein Kündigungsgespräch bitten. Und ich werde mir eine neue Wohnung suchen. Hier ist es vorbei. Keine Bitterkeit, kein Jammern, alles ist gut. Es ist nur Zeit für etwas Neues, was ich noch nicht kenne.'

Und noch in dem Moment, als ich mir meinen Kaffee eingoss, die Wärme der Tasse spürte und der Duft mir in die Nase stieg, löste sich etwas in mir. Vielleicht kennt ihr das auch: Manchmal fühlt es sich so an, als sei da ein Brett vor eurem Kopf, das euch daran hindert, zu sehen, was noch alles möglich ist.

Ich kann euch sagen: Es ist der Entscheid, etwas zu ändern, der dieses Brett verschwinden lässt. Tatsächlich treffe ich in solchen Situationen zu 99,9 Prozent noch am gleichen Tag diesen Entscheid. Und ich halte damit auch nicht lange hinterm Berg, sondern lasse alle Beteiligten wissen, was Sache ist. Das ist nur fair. Ich habe es nicht so mit irgendwelchen strategischen Überlegungen, dass ich noch im Geheimen schaue, ob sich noch etwas Besseres ergibt.

Dass ich da so entspannt bin, liegt wohl an einer Grundannahme, die ich habe. Und die ich auch allen, die raus wollen aus Jammerland, nur empfehlen kann ...

Frühjahrsputz schafft Platz

Ich gehe davon aus, dass ich im ersten Schritt immer das, was mir den freien Blick verstellt, wegräumen sollte. Ich verabschiede mich also konsequent davon und schaffe Platz. Schliesslich braucht das Neue, was da kommen wird, ja Raum. Wie soll es sonst zu mir kommen?

Der Raum entsteht, weil mit dem Entscheid so etwas wie ein Frühjahrsputz erfolgt: Ich mache jede Schublade mal auf und sehe nach, was da so drin ist. Ich nehme es in die Hand und prüfe, ob ich das noch brauche – ob es für mich noch Sinn macht oder nicht.

Ich glaube, das ist Match-entscheidend: Dass ich sofort in die Handlung gehe. Das heisst, ich warte nicht erst ab, ob es vielleicht doch wieder besser wird. Ich sitze diese Abwesenheit von Freude nicht aus, sondern ich tue etwas dagegen. Jetzt und hier!

Meine Grundannahme mit dem Platzschaffen geht übrigens noch ein Stück weiter!

Nicht suchen – finden!

Ich bin davon überzeugt, dass ich das Neue, was als Nächstes dran ist, gar nicht verschärft suchen muss. Es wird sich sowieso zeigen und ich werde es erkennen.

Deshalb bin ich auch nicht der Versuchung gefolgt, damals einfach zu einem Mitbewerber meines Arbeitgebers zu gehen. Das wäre nur eine Fortsetzung des Alten gewesen. Es sollte ja aber Zeit für etwas Neues sein, Zeit für Experimente eben.

Ich liess mich auf das Experiment der Selbstständigkeit ein. Das war so spannend! Ich probierte dies aus, ich versuchte das. Ich gab mir bewusst die Zeit und den Raum, zu sehen, was da draußen alles so ist. Und wisst ihr was? Das geht nur ohne Jammern. Wer jammert, sieht und hört nichts. Außer seinem Problem. Oh je!

Auszug aus Jammerland

Hey, verschafft euch selbst auch Raum, wo etwas Neues
passieren kann. Ihr müsst nicht gleich kündigen und an
ein anderes Eck des Landes ziehen, wie ich es getan habe.
Experimentieren geht auch im
Kleinen. Alles, was ihr braucht
dafür, ist das Vertrauen, dass es
gut kommt. Wenn ich mich so
umschaue, hapert es nämlich bei
uns genau daran. Da heisst es
gleich: „Das macht man nicht".
Ihr wisst schon: Der Spatz in der
Hand und so weiter.

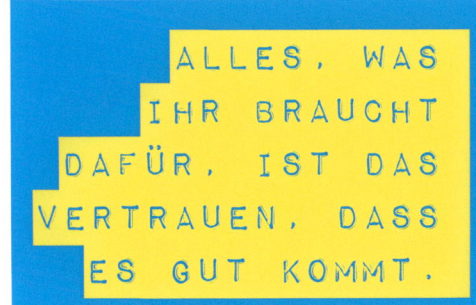

ALLES, WAS IHR BRAUCHT DAFÜR, IST DAS VERTRAUEN, DASS ES GUT KOMMT.

Doch wenn ihr nichts Neues mehr ausprobiert, geht euch
die Freude verloren. Es fehlt euch Energie, nichts geht euch
mehr leicht von der Hand. Ihr kümmert euch nur noch um die
Probleme, haltet x Besprechungen ab, warum und was alles
gerade nicht geht. Und – schwupps – seid ihr in Jammerland
gelandet, ohne dass ihr es überhaupt merkt. Jammern kommt
nämlich auch im Tarnmantel daher und dann wird es richtig
gefährlich.

Fast schon so gefährlich wie der Betrug, um den es im nächsten Kapitel geht …

Kapitel 7

KEINE AUSREDEN MEHR

Eine gute Entwicklung für ein spannendes Projekt in einem Unternehmen läuft für mich so: Einer hat eine super Idee. Mit dieser Idee geht er zu jemandem oder mehreren, die Erfahrungen, Kenntnisse und Kompetenzen haben, die dem Ideengeber selbst fehlen. Alle setzen sich zusammen und es kommt etwas Tolles dabei heraus.

In dem internationalen Konzern, in dem ich vor meiner Selbstständigkeit gearbeitet habe, aber war das so: Im Headquarter hatte einer eine Idee und die Mitarbeiter in den unterschiedlichen Ländern sollten die dann umsetzen. Ob die Idee in der Kultur des jeweiligen Landes so funktioniert, das hat sich in der Zentrale keiner gefragt. Und wir, die wir in diesen Ländern sassen, wurden nicht gefragt.

Manche Länderverantwortlichen machten es sich einfach: Sie haben die Vorgaben aus dem Mutterhaus genauso umgesetzt, wie sie auf dem Papier standen. Für den Fall, dass der Erfolg ausblieb, hatten sie ja eine prima Ausrede.

Mir lag das nicht so. Also habe ich die Vorgaben – na ja, sagen wir mal – ein bisschen frech interpretiert, dass sie besser zu meinem Verantwortungsbereich passten. Aber richtig glücklich war ich damit nicht. Und irgendwann kam ich an den Punkt, an dem ich mir sagen musste: ‚Ich würde das am liebsten ganz anders machen. Ich mag mich nicht mehr mit Interpretationen herausreden.'

ES WAR FÜR MICH ZEIT, – WIE DIE SCHWEIZER SAGEN – DEN FINGER „US EM FÜDLI" ZU NEHMEN.

Es war für mich Zeit, – wie die Schweizer sagen – den Finger „us em Füdli" zu nehmen. Auf Deutsch: den Hintern hochzukriegen.

Nur ich

Das habe ich getan. Und mich mit all meinen Ideen selbstständig gemacht.

Ich habe diesen Schritt nie bereut, denn er hat mich endgültig gelehrt, mir keine Ausreden mehr durchgehen zu lassen. Als Selbstständige musste ich nämlich für alles, was ich vorher von anderen gefordert hatte, auf einmal selbst einstehen. Ich musste mein Konzept allein erstellen, mir überlegen, wie ich dieses nach aussen trage, wie ich Kunden generiere und auch so erfolgreich bediene, dass sie selbst erfolgreich damit werden.

Es gab niemand, über den ich jammern oder schimpfen konnte. Auf den ich die Verantwortung abwälzen konnte. Es gab ja nur noch mich und nur ich entschied.

Ich habe mir in dieser Zeit eine Phase mit vielen Erfahrungen gegönnt, denn – oh Wunder – nicht alle meine schönen Ideen haben so funktioniert, wie ich mir das gedacht hatte. Aber ich kann euch sagen: Ich habe so viel verstanden in diesem Zeitraum, was ich heute noch unbezahlbar wichtig finde. Zum Beispiel die Sache mit den Puzzlestücken ...

Das grosse Ganze

Wenn ihr schon mal mit der Vertriebsabteilung einer Firma, egal welche Branche, zu tun hattet, dann kennt ihr das: Der Aussendienst und der Innendienst liegen praktisch immer im Clinch miteinander.

Die Innendienstler sagen über ihre Aussendienstkollegen: „Die haben ein feines Leben: Die gehen eh nur mit den Kunden Kaffee trinken." Und die wiederum sagen: „Hey, wir reissen uns hier den A... auf, um den Umsatz zu bringen, von dem auch euer Gehalt gezahlt wird, während ihr euch im warmen Büro selbigen plattsitzt." Jeder schaut nur auf sein eigenes Puzzlestück, das er zum grossen Ganzen beiträgt.

Als Selbstständige müsst ihr alle Puzzlestücke anschauen, denn ihr allein seid für das grosse Ganze verantwortlich.

Bei den ersten Umsetzungsversuchen meiner Ideen merkte ich schnell, dass viele noch nicht funktionierten, weil mir noch Puzzlestücke fehlten. Sollte ich darüber jammern? Mir jemanden suchen, der schuld war, dass ich noch nicht alle Stücke beisammen hatte? Sicher nöd! Ich stiefelte selbst los und suchte mir den Rest zusammen.

DAS SCHÄRFT DIE SINNE UND MACHT AUSREDEN ZWECKLOS.

Das schärft die Sinne und macht Ausreden zwecklos.

Die beste Methode

Das ist nämlich das Spannende daran, wenn ihr unternehmerisch werdet: Ihr spürt am eigenen Leib, dass Ausreden euch kein Stück weiterbringen. Im Gegenteil, denn die ziehen euch nur Energie ab. Ihr kommt mit eurem Vorhaben weder schneller noch besser voran.

Ich spreche ganz absichtlich nicht davon, dass sich jeder selbstständig machen oder gar ein Unternehmer werden muss, um diese Erfahrung zu machen.

Unternehmerisch ist für mich jeder, der sich auf seine Vision einlässt und sie umsetzt – eben jeder, der etwas unternimmt.

Das kann auch innerhalb der Familie sein oder im Rahmen eines ehrenamtlichen Engagements – überall, wo jemand Verantwortung übernimmt für eine grössere Sache, die er anschieben will.

UNTERNEHMERISCH-WERDEN IST DIE BESTE METHODE ÜBERHAUPT, DEN AUSREDEN IN JAMMERLAND FÜR IMMER „TSCHÜSS" ZU SAGEN.

In diesem Sinne ist das Unternehmerisch-Werden die beste Methode überhaupt, wie ihr den Ausreden in Jammerland für immer „Tschüss" sagen und euch mit Freude auf euer eigenes Ding einlassen könnt.

Ganz ehrlich: Was gibt es da noch zu überlegen?

Kapitel 8

EINFACH MAL MACHEN

Tja, das mit dem Überlegen ist so eine Sache. Nachdenken ist ja wahnsinnig wichtig. Aber wenn ihr mich fragt: Man kann es auch übertreiben. Und vor allem dann, wenn das Nachdenken mehr eine Ausrede ist. Dazu will ich euch eine Geschichte aus meiner Jugend erzählen.

Wow, das will ich machen

Ich war damals gerade so 19 Jahre alt. Ein paar Freunde hatten mich auf die Idee gebracht. Wir waren zusammen am See und sie redeten über das Tauchen. Und ich sagte sofort: „Wow, das will ich machen." Die anderen lachten schallend und antworteten: „Yvette, wie willst du denn tauchen lernen, ohne dein Gesicht nass zu machen und deine Frisur zu ruinieren?"

Die kannten mich nämlich nur mit gestylten Haaren – vielleicht erinnert sich der ein oder andere von euch noch an die grossen Frisuren Ende der 1980er Jahre. Mit so einer Frisur konnte ich natürlich nicht schwimmen gehen, also war ich auf dem See immer nur mit Luftmatratze unterwegs und darauf bedacht, dass mein Kopf ja kein Wasser abbekam. Meine Freunde konnten sich deshalb gar nicht vorstellen, dass ich freiwillig untertauchen würde. Ich aber schon.

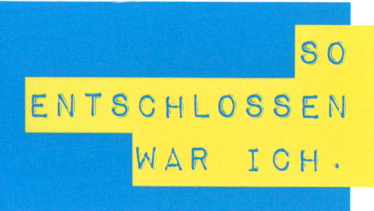

Und prompt stand ich kurz darauf vor der Tür einer Tauchschule. Ich hatte bewusst eine Schule der CMAS – der Confédération Mondiale des Activités Subaquatiques – gesucht, denn bei denen hätte ich auch die Ausbildung zur Tauchlehrerin anschließen können.

Da seht ihr mal, wie entschlossen ich war.

Ich kann's

Ich weiss noch gut, wie wir während der Ausbildung lernen sollten, Wasser, das in unsere Gesichtsmaske eindringt, auch wieder rauszukriegen. „Das müsst ihr unbedingt können!", sagte der Tauchlehrer. Klar, denn sonst schwappt dieses Wasser in der Maske ständig hin und her und wenn man erschrickt, schnauft man es womöglich durch die Nase ein.

Es ist also wichtig, dass man es als Taucher drauf hat, dieses Wasser wieder loszuwerden. Unter Wasser, versteht sich.

„Ihr steigt jetzt in das Übungsbecken", fuhr der Lehrer fort, „lasst ein bisschen Wasser in eure aufgesetzten Brillen laufen und taucht dann ab. Unter Wasser presst ihr eure Brille mit der Hand fest gegen eure Stirn und atmet gleichzeitig lange und kräftig aus. Okay?"

Die anderen sahen sich zaudernd an. Es war an ihren Gesichtern abzulesen, dass sie überlegten: ‚Was passiert, wenn ich das nicht hinkriege?' und ‚Oh je, ich werde bestimmt Wasser einatmen!' und ‚Wird das Chlorwasser in meinen Augen brennen?'

Die Yvette aber hüpfte ins Wasser, füllte ihre Maske und tauchte ab. Und kam zehn Sekunden später strahlend wieder hoch und rief: „Ich kann's." Ich habe nämlich einfach gemacht.

Gelernt hatte ich dieses beherzte Machen tatsächlich schon vor langer Zeit von einem der wichtigsten Menschen in meinem Leben: von meiner Grossmutter.

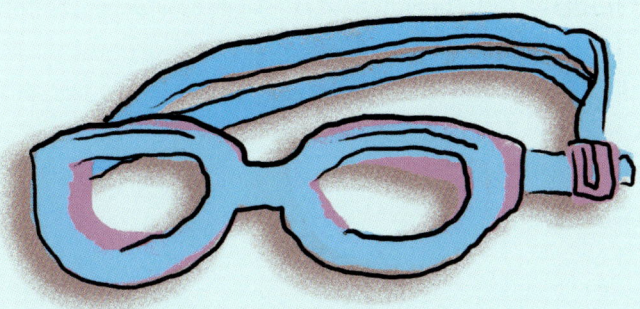

Was es mit dir macht, entscheidest du!

Ich werde nie vergessen, was sie zu mir als Kind sagte. Ich war erst vier Jahre alt und weinte mal wieder, weil meine

DAS LEBEN
PASSIERT.
WAS ES ABER
MIT DIR
MACHT,
ENTSCHEIDEST
NUR DU!

Eltern nicht da sein konnten. Die Grossi nahm mich auf ihren Schoss, sah mich gütig und streng zugleich an und sagte: „Yvette, das Leben passiert. Was es aber mit dir macht, entscheidest nur du!"

Ihre Worte habe ich sehr ernstgenommen und genau so gehe ich seither auf das Leben zu: Ich entscheide, was es mit mir macht. Meine Entscheidung, meine Verantwortung. Und niemals ein Grund zu jammern.

Wenn ich entscheide, dass ich tauchen lerne, dann tue ich das. Ich mache mir nicht tausend Gedanken, was sein könnte und warum ich es vielleicht besser sein lasse. Macht das, was ich vorhabe, Sinn für mich? Wenn ja, dann mache ich einfach!

Denn diese vielen Gedanken rund um „Was könnte denn alles passieren?", dieser Spekulationsmodus ist eng mit dem Jammern verknüpft.

Der Spekulationsmodus

Dieser Modus hält Menschen ganz oft davon ab, ihre Chancen und Möglichkeiten zu nutzen. Ihre ganze Energie geht in das „Was wäre wenn …?" anstatt in das Hier und Jetzt.

Natürlich ist es wichtig, sich mit den Folgen des eigenen Handelns auseinanderzusetzen. Aber eben nicht in dem Moment, in dem das Handeln dann gefragt ist. Hat der Vorab-Check ergeben: „Aller Voraussicht nach wird das gutgehen", dann ab dafür. Dann gilt es, einfach zu machen!

Ich kann bis heute nicht verstehen, warum Menschen lieber tausend Mal überlegen bevor sie etwas tun, nur weil etwas passieren könnte. Hey, ich finde, das Schlimmste, was passieren kann, ist, dass nichts passiert! Rein gar nichts. Dann hätte ich es auch lassen können. Aber aus allem anderen, was passiert, kann ich etwas lernen. Und das macht das Leben so spannend. Finde ich zumindest. Und ihr?

DAS SCHLIMMSTE, WAS PASSIEREN KANN, IST, DASS NICHTS PASSIERT!

Kapitel 9

DAS ERSTE MAL

Vor gut zwei Jahren habe ich mich das erste Mal so richtig
entschieden für etwas, über das sich die meisten Menschen ihr
Leben lang keine Gedanken machen. Ich habe mich entschieden, die schweizerische Staatsbürgerschaft zu beantragen.

Üblicherweise werdet ihr in ein Land hineingeboren und seid
ein Leben lang dort Staatsbürger. Das ist einfach so.

Ich dagegen habe mir ganz bewusst die
Kultur ausgesucht, die mich am meisten
stärkt. Ich habe den ganzen Behörden-
kram auf mich genommen, weil mir
klar geworden ist: Hier gehöre ich hin.
Hier darf ich sein, wie ich sein will. Hier
hat das Sein einen Platz, hier ist es er-
wünscht, dass sich jeder einbringt, hier
finden Ideen Gehör.

Dazu müsst ihr wissen, dass ich schon von klein auf kaum
mehr als zwei Jahre an einem Ort verbracht habe. Ich habe in
den verschiedensten europäischen Ländern gelebt, mich mit
den unterschiedlichsten Kulturen auseinandergesetzt.

Und dabei habe ich gemerkt: In jeder Umgebung treten andere Facetten von mir in den Vordergrund. Und das ist nicht nur bei mir so.

Auf Entdeckungsreise

Beobachtet euch einmal selbst, wenn ihr zum Beispiel im Urlaub in einem anderen Land seid. Ich bin sicher, dass ihr Seiten an euch entdeckt, die ihr bis dahin nicht wahrgenommen hattet. Das ist eine spannende Sache, denn ihr geht quasi auf Entdeckungsreise in euch selbst.

Und wenn ihr wieder nach Hause kommt, werdet ihr merken: Diese anderen Seiten, egal ob ihr sie als positiv oder negativ empfunden habt, verschwinden wieder in der Versenkung.

Ihr seid wieder „die Alten". Ihr entsprecht auch dem Bild wieder, das sich eure Umgebung vielleicht schon vor langer Zeit von euch gemacht hat. Das merke sogar ich an mir selbst, wenn ich in das Tiroler Dorf zurückkomme, in dem ich als Kind viel Zeit verbracht habe: Spätestens nach drei oder vier Tagen rutsche ich, wenn ich nicht höllisch aufpasse, wieder in uralte Muster zurück. Und nur weil mir dieser Prozess bewusst ist, kann ich es verhindern, dass ich in meine frühere Rolle verfalle, die nicht gut für mich ist.

Das wirklich Grossartige daran, wenn ihr dieses Phänomen bewusst erlebt, ist aber etwas anderes.

Echte Entscheidung

Ihr könnt auf einmal vergleichen. Ihr stellt die Unterschiede fest zwischen dem Ich im Hier und dem Ich im Dort: Welches Ich fühlt sich besser an? Wo fühlt ihr euch stärker, lebendiger, echter?

Das ist schon eine Frage der Achtsamkeit, aber mit ein bisschen bewusster Beobachtung werdet ihr dessen gewahr.

Ich für mich war total begeistert, als ich die Unterschiede entdeckt habe. Auf einmal konnte ich nämlich eine Entscheidung treffen. Kein Grund zum Jammern, dass ich in dieser oder jener Umgebung nicht so in der Energie stehe.

ICH HABE BEWUSST „JA" GESAGT ZU DER KULTUR, DIE MICH STÄRKT.

Sondern ein Grund, bewusst „Ja" zu sagen zu der Kultur, die mich stärkt. Ich erzähle immer: „Ich habe meine Wurzeln in Tirol, die Schweiz verleiht mir Flügel. Und ich habe mich für die Flügel und damit für die Schweiz entschieden.

Zu kompliziert?

Ein Teil meiner Familie lebt seit jeher in der Schweiz, deshalb war ich als Kind bereits häufig dort. Meine Mama hätte auch gerne wieder hier gelebt. Ich fragte sie oft, warum sie nicht einfach herzieht und sich einbürgern lässt – aber sie konnte oder wollte sich nicht entscheiden.

Sie habe gehört, das sei zu kompliziert, sagte sie immer. Tatsächlich aber trauerte sie der Vergangenheit nach statt sich der Zukunft zuzuwenden. Ich werde heute noch traurig, wenn ich daran denke.

Wenn ich jemanden sagen höre, etwas gehe nicht oder sei zu kompliziert, lasse ich mich nicht ins Bockshorn jagen. Ich forsche lieber selbst nach, denn erst dann kann ich mich bewusst entscheiden statt zu jammern.

Selbst wenn es dann das erste Mal ist.

Kapitel 10

PUNK FOREVER

Ich habe mir kürzlich im Rahmen eines Kundenprojekts die Haare pink gefärbt. Das war spannend, denn als ich in den Spiegel schaute, dachte ich: „Aha, interessant! Das bin immer noch ich."

Noch spannender war es, dass ich unmittelbar danach vergessen habe, dass ich auf einmal eine ungewöhnliche Haarfarbe trug. Ich ging also wie immer aus dem Haus, war bei einem Kunden, war einkaufen und im Café. Und erst als ich irgendwann zufällig an einem Spiegel vorbeikam, ist mir wieder eingefallen: ‚Mensch, Yvette, deine Haare sind ja pink.'

AUCH MIT PINKEN HAAREN WAR ICH YVETTE.

Die Menschen, die mir den Tag über begegnet waren, waren ganz normal mit mir umgegangen. Ich bin davon überzeugt, dass sie das nur taten, weil ich überhaupt keinen Gedanken daran verschwendet hatte, dass ich anders aussehe als sonst. Anders als die anderen. Ich war Yvette und so bin ich auch aufgetreten. Und so haben mich die Menschen auch wahrgenommen.

Das gleiche Phänomen ist mir übrigens als Jugendliche auch schon begegnet.

Schrill und charmant

Ich war Punk – und zwar eine von der schrill-bunten Sorte. Ich fühlte mich einfach so. Doch das, was die meisten mit „Punk" verbinden, war ich nie: Das Pöbeln war nicht meines. Auch als Punk war ich immer freundlich und charmant. Vielleicht wollte ich damals gerade beweisen, dass ich Punk und gleichzeitig nett sein kann. Dass die Menschen nicht vom Äusseren auf das Innere schliessen können.

VOM ÄUSSEREN AUF DAS INNERE SCHLIESSEN GEHT GAR NICHT.

Es gibt ja genug Leute, die jammern, dass die Menschen, die einer anderen Gruppe angehören, sich immer so oder so negativ verhalten: Alle Flüchtlinge sind gefährlich, alle Jugendlichen unfreundlich, alle Manager geldgierig, alle Männer Machos oder alle Frauen kompliziert. Und eben alle Punks schmuddelig, asozial und unfreundlich. Ich glaube, Menschen, die derartig kategorisch vorgehen, sind einfach zu faul genauer hinzuschauen. Ich für mich kann sagen: Weil ich so positiv auf die Menschen zugegangen bin, ist mit mir niemand komisch oder abschätzig umgegangen.

Obwohl ich meine langen Haare mit Fasnachtsspray in allen Regenbogenfarben ansprühte oder auch mal ganz viel Glitzer auftrug: Alle konnten das akzeptieren, weil ich ich war und ich sie zum Strahlen gebracht habe.

Ich selbst schaue ja auch nicht, wie jemand angezogen ist, sondern wer er ist. Und zwar in diesem Moment. Es interessiert mich herzlich wenig, wie er sich vor fünf Minuten vor dem Nachbarn oder sonst wem gegeben hat: Wichtig ist, wie er sich hier und jetzt mir gegenüber verhält. Das Aussen ist mir herzlich egal.

Aber ich beobachte oft, dass Menschen sich ein Äusseres verordnen, das gar nicht zu ihnen passt.

Jämmerlich verkleidet

Vielleicht seid ihr beim Durchblättern von Magazinen schon mal auf solche Vorher-Nachher-Styling-Geschichten gestossen. Bei denen denke ich mir sehr oft: ‚Vorher hat sie oder er mir besser gefallen.' Das liegt meist gar nicht daran, dass zum Beispiel die Jeans, die sie oder er auf dem ersten Bild trägt, so vorteilhaft ist. Vielmehr sehe ich auf dem Vorher-Bild den Menschen, während auf dem Nachher-Bild ein unglücklich dreinblickender Kleiderständer steht. Das Verkleiden bringt gar nichts. Damit sagt ihr nur: Ich will nicht der sein, der ich bin.

Das hat viel mit Jammern zu tun, wenn ich nicht „Ja" zu mir sagen kann. Doch wie sollen andere „Ja" zu mir sagen, wenn ich es selbst nicht kann.

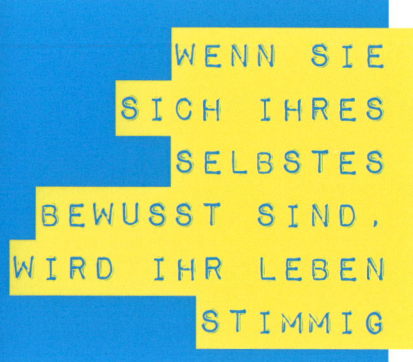

WENN SIE SICH IHRES SELBSTES BEWUSST SIND, WIRD IHR LEBEN STIMMIG

Wie blöd, dass die meisten sich mehr Gedanken darüber machen, was die anderen über sie denken, als über sich selbst und wie sie sich fühlen.
Aber nur wenn sie sich ihres Selbstes bewusst sind, wird ihr Leben stimmig – für sie und für die anderen.
Und schon ist Jammerland abgebrannt!

Kapitel 11

WAS SOLL ICH DENN MACHEN?

Ein Satz, den ihr in Jammerland besonders oft hört, ist eine Frage, die meist mehr wie eine Feststellung gemeint ist: „Ja, was soll ich denn machen?"

Derjenige, der sowas sagt, will von euch keinen Lösungsimpuls oder auch nur irgendeine Antwort haben. Er will nur eines: sich rechtfertigen, indem er euch mitteilt, dass er sich machtlos fühlt. Dass er jemand anderen für verantwortlich hält für die Situation, wie sie ist, und dass er, der sich darin befindet, nichts daran ändern kann. Er macht also nicht einmal den Versuch, seine Lage zu verbessern. Alles, was er tut, ist jammern.

Es gibt eine Konstellation, in der mir ganz besonders viele solcher Menschen begegnen …

übermächtig

In meinen Business-Impulsings begleite ich viele Nachfolger. Bei einigen ist der ehemalige Patron oder die Familie überhaupt in den Köpfen noch so stark präsent, dass sie selbst erst einmal quasi nur damit beschäftigt sind, zu überleben. Sie kommen gar nicht dazu, ihre eigenen Werte zu definieren, daraus für sich Ziele abzuleiten und die dann auch noch mit Blick auf die Strategie oder Innovationen im Unternehmen umzusetzen. Das ist wirklich happig, wenn sie feststellen müssen: Der Fussabdruck, den sie vorfinden, ist sehr gross – und sie stolpern eher in ihn hinein anstatt hineinzutreten.

Sie fühlen sich richtiggehend ohnmächtig. Sie sind verzweifelt, weil sie merken, dass sie nicht wirksam werden, und gleichzeitig nicht greifen können, warum das so ist: Ihre Vorgänger sind ja meist physisch gar nicht mehr anwesend. Und doch sind sie übermächtig.

Das ist oft der Fall, wenn die Übergabe nicht sauber gelungen ist. Oder wenn langjährige Mitarbeiter den Nachfolger noch als kleinen Buben oder kleines Mädel kennen: Dieses Bild tragen sie immer noch in ihren Köpfen und nehmen entsprechend den Erwachsenen, der nun als Unternehmer vor ihnen steht, nicht wahr und nicht ernst. Gibt der ihnen nun eine Direktive, äussern sie Bedenken wie: „Dein Vater hat das aber immer so entschieden." oder „Deine Mutter hat immer gesagt, wir sollen es besser so machen – damit sind wir stets gut gefahren."

Die Mitarbeiter halten folglich an dem fest, was sie kennen und was sich für sie bewährt hat. Sind die also „schuld" an der verfahrenen Situation?

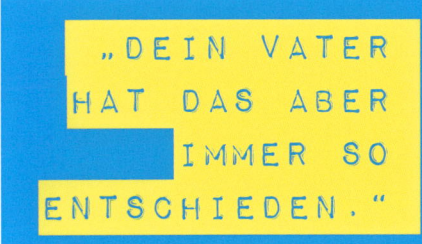
„DEIN VATER HAT DAS ABER IMMER SO ENTSCHIEDEN."

Zweifache Ohnmacht

Versetzt euch mal in diese Mitarbeiter hinein: Tatsächlich fühlen die sich ebenfalls ohnmächtig. Sie fürchten um ihren Arbeitsplatz, weil sie (noch) kein Vertrauen zu dem oder der Neuen aufgebaut haben. Ihr dürft nicht unterschätzen, wie happig die Situation auch für sie ist.

Es gibt also mal wieder niemanden, der „schuld" ist, und doch kann das Verhältnis bald ziemlich verfahren sein. Beide Seiten fühlen sich ohnmächtig und das spiegelt sich auch in ihrem Verhalten. Jeder legt sich vor Gesprächen Argumente zurecht, um seine Ideen vorzubringen, und kann diese bis kurz vor dem Treffen im Geiste auch schlüssig darlegen – doch wenn es dann soweit ist, siegt das Ohnmachtsgefühl: Er verhaspelt sich bei seiner Präsentation, wirkt nicht souverän und verliert noch weiter an Boden.

Da ist die Grenze zum Mobbing schnell überschritten und der Einzelne hat erst recht das Gefühl: „Was soll ich denn machen?" Und im Impulsing höre ich dann von den Nachfolgern: „Woanders wäre ich viel besser!" Bei allem Verständnis: Das ist leider Jammern pur, denn dabei läuft ganz viel Kopfkino ab.

Horrorvorstellungen

DIE DÜSTERSTEN KATASTROPHENFILME LAUFEN IM KOPF AB.

Ich kann euch sagen: Die düstersten Katastrophenfilme laufen im Kopf ab. Wer seine Situation nicht voll und ganz erfasst, denkt sich seinen Teil einfach dazu – und der ist in der Regel rabenschwarz. Er sieht die peinlichsten Vorfälle in seinem Kopfkino ablaufen und prompt passieren ihm genau diese Dinge. Er findet seine Vorstellung bestätigt und resigniert: ‚Ich wusste ja, dass es schiefgeht.' Das ist die Tragik von Murphy's Law! Oder anders gesagt: Es erweist sich wieder einmal, dass unser Gehirn nicht zwischen Fiktion und Realität unterscheiden kann. Das, was wir denken, hält es für genauso echt wie die Wirklichkeit.

Wenn ihr euch dessen bewusst seid, könnt ihr euch das natürlich auch zunutze machen. Hochleistungssportler tun das zum Beispiel laufend: Die können die Bewegungen gar nicht so oft durchführen, wie sie sie für ihre Spitzenleistung machen müssten, ohne sich körperlich zu verschleissen. Also schauen sie sich wieder und wieder Filmaufnahmen dieser Bewegungen an, regen damit in den entsprechenden Hirn-arealen neuronale Verknüpfungen an und „trainieren" damit den motorischen Ablauf.

Das mit der Übertragung auf die Realität läuft auf allen Ebenen ab.

Macht mal Pause

So weiss euer Gehirn irgendwann nicht mehr, ob ihr euch bei der Präsentation vor den Verwaltungsräten wirklich mit Orangen-Jus eingesaut, den falschen Adapter verwendet und nur noch herumgestackst habt oder ob das nur eure Horrorszenarien vorher waren. Mit dieser Erinne-rung geht ihr in die nächste Ver-waltungsratssitzung und verhaltet euch strub, das heisst irgendwie verquer. Wer den Mechanismus erkannt hat, kann dem natürlich vorbeugen.

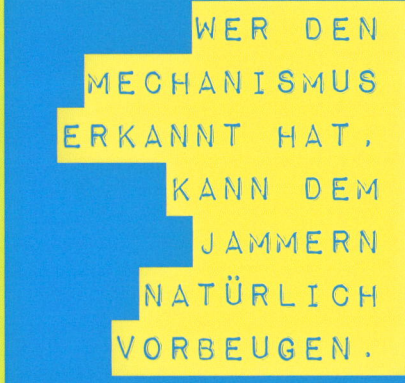

WER DEN MECHANISMUS ERKANNT HAT, KANN DEM JAMMERN NATÜRLICH VORBEUGEN.

Und wenn sich dann doch eine Hor-rorvorstellung gehalten hat und das innere Jammern droht, lässt sich immer noch ganz bewusst ein „Separator" setzen: Ich unterbreche bewusst den Ablauf, beantrage eine Pause, gehe mal auf die Toilette und sortiere mein Kopfkino.

Denn ihr wisst ja: Jammern gilt nicht, davon wird rein gar nichts besser. Und wer an sich glaubt, kann immer etwas machen!

Kapitel 12

AUF UNS HÖRT EH KEINER!

In Jammerland finden sich auch sehr gerne Menschen zusammen, um sich gemeinsam über Gott und die Welt zu beschweren. Stammtische sind der klassische Ort dafür, aber bei weitem nicht der einzige. Wenn Mütter ihre Kinder von der Schule abholen und in Gruppen zusammenstehen, könnt ihr ziemlich sicher sein, dass sie miteinander über das Schulsystem klagen. Wenn Rentner sich im Park treffen, wird sehr häufig über das Gesundheitssystem gemeckert. Und auch wenn Unternehmer sich bei einer Veranstaltung begegnen, habe ich es schon oft erlebt, dass sie gemeinsam über die Wirtschaftsentwicklung jammern. Eine Initiative für Veränderung entsteht aus solchen Runden praktisch nie, denn das Gefühl der Ohnmacht schwingt immer mit. Es verstärkt sich noch, wenn alle so reden.

Ich glaube, da befeuern sich die Kopfkinos gegenseitig und kollektiv verstärkt sich eine Grundannahme …

Ich gehöre nicht dazu!

Hört mal zu, wie in diesen Runden gesprochen wird: Da ist die Rede von „der" Gesellschaft oder „der" Wirtschaft oder „der" Politik – so als würden die, die da reden, nicht im Entferntesten etwas damit zu tun haben. Wie sehr müssen diese sich selbst bereits herausgenommen haben, damit sie zu der Annahme kommen: Alle anderen sind Teil dieses Systems, nur sie nicht. Sie schaffen Distanz.

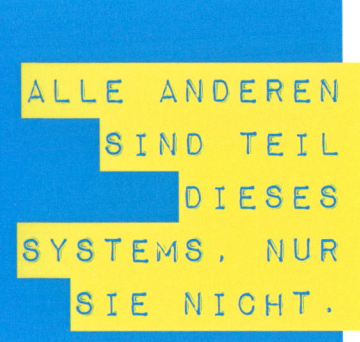

ALLE ANDEREN SIND TEIL DIESES SYSTEMS, NUR SIE NICHT.

Wahrscheinlich schimpfen die Stammtischler deshalb auch bevorzugt über die ganz grossen Dinge und nicht über die vielen kleinen, die sie bei sich zu Hause schon anders machen könnten. Die grossen Themen sind so schön weit weg: Da geraten die Schimpfer nicht so leicht in Gefahr, selbst Verantwortung übernehmen zu müssen.

Deshalb bin ich zu dem Schluss gekommen, dass dieses Gejammer eigentlich ein Ablenkungsmanöver ist. Wer sich in der Gruppe in grimmiger Einigkeit über andere aufregen kann, muss sich schliesslich nicht selbst fragen, ob er vor seiner eigenen Tür schon gekehrt hat. Und er findet dafür ja auch noch Bestätigung in der Runde: Alle sind sich einig, dass erst mal die da oben dafür sorgen sollen, dass sich was ändert.

Mir scheint, die Menschen suchen sich teilweise ganz gezielt solche Kreise, in denen sie sich gegenseitig in ihrem Jammern bestärken können. Und die Medien tun ihr Übriges dazu und verstärken den Effekt noch.

Und ihre beste „Entschuldigung", warum sie nicht selbst für Veränderung sorgen, ist: „Die Ideen hätten wir schon. Aber auf uns hört eh keiner!"
Damit kreieren sie sich ihre Ohnmacht selbst. Und spülen ihre Ideen mit dem nächsten Bier runter.

Throw the ball to the puppy

Wer seine Energie auf das Jammern über bestimmte Themen richtet, hat keine Energie mehr, sich umfassend zu informieren, aktiv zu werden und den weiten Blick zu behalten. Das nutzten geschickte Politiker aller Couleur schon damals bei den Römern aus und sie tun es noch heute. James Rickards, US-amerikanischer Anwalt und Medienkenner, hat über Präsident Trump gesagt: „He throws the ball and all the puppies chase the ball". Übersetzt heisst das, dass ihr der Öffentlichkeit ein Aufreger-Thema hinwerft und rechts und links davon tun könnt, was ihr wollt.

Das ist auch eine Art Ablenkungsmanöver. Und wer darauf hereinfällt, der kann tatsächlich nichts machen.

Aber nicht, weil die anderen ihn nicht lassen, sondern weil er sich zusammen mit seiner Jammerrunde selbst ausgetrickst hat.

Das muss jedoch nicht so bleiben: Ich kann euch verraten, warum und wie ich sogar solche Runden aus Jammerland herauslocke ...

WER SEINE ENERGIE AUF DAS JAMMERN RICHTET, HAT KEINE MEHR FÜR DEN WEITEN BLICK.

Kapitel 13

GENUG GEJAMMERT!

Wenn ich auf solche Jammerrunden oder auch auf einen einzelnen Jammerländer treffe, habe ich immer das Bild von Jeanne d'Arc vor Augen: Die setzt sich nicht heimlich, still und leise mit an den Tisch, sondern sie kommt herangestürmt und reitet einfach mittendurch. Sie unterbricht das Jammern, indem sie es stört. Und das mache ich auch.

Natürlich komme ich nicht zu Pferd. Und schwinge nicht das Schwert. Ich komme lieber mit einem strahlenden Lächeln und frage nach: „Ach, wirklich? Immer? Jeder?" Das weckt erst einmal alle aus ihrem Jammertran auf. Und wenn sie wach sind, kann ich die Menschen etwas Wichtiges fragen. Etwas, das sie zwangsläufig dazu verführt, Jammerland zu verlassen …

Auf Schatzsuche

Stellt euch vor, ihr würdet in dieser Runde sitzen und ich hätte euch gerade gestört. Ich würde sofort weiterfragen: „Was ist es denn, was du besonders gut kannst? Erzähl' mal."

DER SCHLÜSSEL IST, DASS IHR ERKENNT, DASS IHR ETWAS TUN KÖNNT.

Wahrscheinlich würdet ihr dann überlegen, was das ist. Und ihr würdet euch an eure „Schätze" erinnern: an Fähigkeiten, positive Erlebnisse und Erfahrungen. Und wenn wir dann im Gespräch genau darauf den Fokus setzen würden, würde sich bei euch unmerklich eine andere Haltung entwickeln: Ihr würdet entdecken, dass ihr etwas tun könnt. Dieser Punkt ist so toll, denn das ist der Schlüssel.

Jetzt könnt ihr anfangen zu überlegen, was ein erster Schritt wäre, um zu verändern statt zu jammern. Dieser erste Schritt kann so klein sein wie er will: Er bringt bei euch etwas in Bewegung.

Ich finde es spannend zu beobachten, dass das, was die Menschen da an Fähigkeiten und Kraft wiederentdecken, oft gar nichts mit dem Job zu tun hat, den sie gerade haben. Sobald eure Augen anfangen zu strahlen, könnt ihr anfangen zu experimentieren.

Dann werden Abenteuer möglich, denn ihr habt etwas entdeckt, das euch aus eurer Komfortzone lockt: das Gefühl, dass
ihr etwas erreichen werdet, weil ihr es könnt. Dafür traut
ihr euch in eure Lernzone und vielleicht sogar ein Stückchen
weiter. Dahin, wo ihr noch viel
mehr als einen Lernerfolg für euch
persönlich erreichen könnt, dahin,
wo Erkenntnis winkt. Und die wiederum könnt ihr in die Gesellschaft
zurücktragen. Spätestens dann seid
ihr gar nicht mehr zu bremsen.

SPÄTESTENS DANN SEID IHR GAR NICHT MEHR ZU BREMSEN.

Ich will euch auch ein ganz konkre-
tes Beispiel dazu erzählen.

übernehmen, bitte

Ein Unternehmer hatte vor einiger Zeit eine Firma gekauft.
Doch nach kurzer Zeit musste er feststellen, dass ihn viele
der langjährigen Mitarbeiter regelrecht auflaufen liessen:
Sie lehnten sich zurück, gaben ihm nicht die Informationen,
die er zu Beginn gebraucht hätte und verweigerten ihm die
Unterstützung. Prompt gingen einige Dinge schief, es wurde
richtig teuer.
Der Unternehmer hatte sich in dieser Situation in ein echtes
Jammertal manövriert. Als er mich ansprach und um meine

Unterstützung bat, war seine Vorstellung: Er geht für eine Zeit lang raus aus der Firma, während ich das Interims-Management übernehme und aufräume. Wenn ich damit fertig bin, kommt er wieder. Ich fand es wirklich spannend zu erleben, dass er glaubte, die Situation habe nichts mit ihm zu tun.

ICH WILL IHN „VERFÜHREN" TEIL DER LÖSUNG ZU SEIN.

Für mich war gleich klar, dass ich für die Interims-Management-Idee nicht zu haben bin. ‚Bevor ich ablehne', so dachte ich mir, ‚will ich im Gespräch prüfen, ob ich ihn nicht dazu „verführen" kann, selbst Teil der Lösung zu sein.'

Ich fragte ihn also als erstes, warum er genau dieses Unternehmen gekauft hatte. Was ihm daran gefallen hatte. Oder ob rein wirtschaftliche Überlegungen seine Wahl bestimmt hatten. Und er fing an zu erzählen.

Das besondere Gefühl

„Ich konnte mich vom ersten Moment an mit den Produkten, die hier produziert werden, identifizieren. Die haben etwas mit mir zu tun", sagte er lächelnd. „Ausserdem habe ich in so ähnlichen Bereichen zumindest Vertriebserfahrung.

Also dachte ich mir: Wenn ich den Schritt ins Unternehmer-
tum wage, dann mit dieser Firma."

Er klang richtig entschlossen, als er hinzufügte: „Ich will hier
etwas reissen und nicht nur kaufen, aufpolieren oder zerstü-
ckeln, um dann einfach wieder zu verkaufen."

„Aha", antwortete ich. „Gibt es denn hier im Firmengebäude oder
auf dem Gelände Orte, an denen Sie dieses Gefühl besonders
spüren? Dass Sie etwas reissen können und wollen?"

Er sah mich erstaunt an und fragte: „Sie meinen wirklich
physische Orte? Ich soll buchstäblich durch die Hallen und
über das Gelände gehen und darauf achten,
ob und wo ich etwas spüre?"
Ich nickte.

Es kam ihm schon ein wenig spooky vor,
aber die Frage irritierte ihn so positiv, dass
er sagte: „Darf ich Sie später nochmal anrufen? Ich würde gerne sofort das ganze
Gelände ablaufen."

Sie haben recht

Ich war mir in dem Moment noch nicht sicher, ob er es wirklich machen würde. Aber er war tatsächlich neugierig geworden und liess sich auf die ganz andere Herangehensweise ein. Als er mich danach anrief, sagte er: „Sie haben recht."
Ich fragte: „Mit was?"

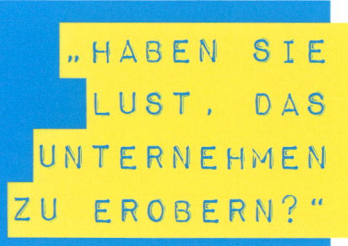

„HABEN SIE LUST, DAS UNTERNEHMEN ZU EROBERN?"

Er: „Da gibt es mehrere Orte, an denen dieses Gefühl hochkommt."
Ich: „Toll! Denn wenn Sie jetzt Lust haben, das Unternehmen, das Sie gekauft haben, zu erobern, so wie es Sie erobert hat, wissen Sie, wo Sie anfangen sollten."

Er willigte in das Experiment, das ich ihm vorschlug, ein: Wir gingen an einem Wochenende, als sonst keiner in der Firma war, an diese Orte und forschten nach. Es stellte sich heraus, dass er zu jeder der drei Stellen einen Bezug hatte. Eine befand sich dort, wo er richtig Ahnung hatte: in der Abteilung für internationalen Vertrieb. Der zweite Platz war dort, wo er einen Innovationsgedanken hatte – das war so etwas wie der Zünder für ihn gewesen: seine Idee für etwas Neues umsetzen. Der dritte Ort befand sich an einer Stelle, die ihn interessierte und von der er sagte: „Ich weiss nicht, wie das geht."

An diesen drei Orten begannen wir unsere Arbeit.

Veränderung vor Ort

Ich wurde ganz offiziell als externe Kommunikationsberaterin vorgestellt und wir stellten kleine Kernteams für jeden dieser drei Bereiche zusammen. Und es machten viele Mitarbeiter freiwillig das Experiment mit. Allein das Signal des Unternehmers, dass er ganz nah dran sein wollte an den Menschen, den Produkten und dem Prozess, löste das verhärtete Misstrauen auf Mitarbeiterseite auf.

Um das zu unterstützen, wählten wir als ersten Ort den aus, bei dem er nicht wusste, wie es geht. Die Mitarbeiter erlebten, wie er offen mit seiner Wissenslücke umging und darauf vertraute, dass sie mit ihrer Kompetenz weiterhelfen konnten.

Als nächsten Ort wählten wir den, an dem er sein Know-how und sein Netzwerk einbringen konnte: So konnte er den Mitarbeitern zeigen, was er ins Unternehmen einbringen kann. Den Innovationsgedanken setzten wir bewusst an den Schluss – dann waren die Mitarbeiter offen dafür.

Am Ende des Experiments war der Unternehmer im Sattel angekommen. Nix mehr mit Jammerland!

Doch die Schatzsuche ist noch nicht die einzige Verführung aus Jammerland heraus …

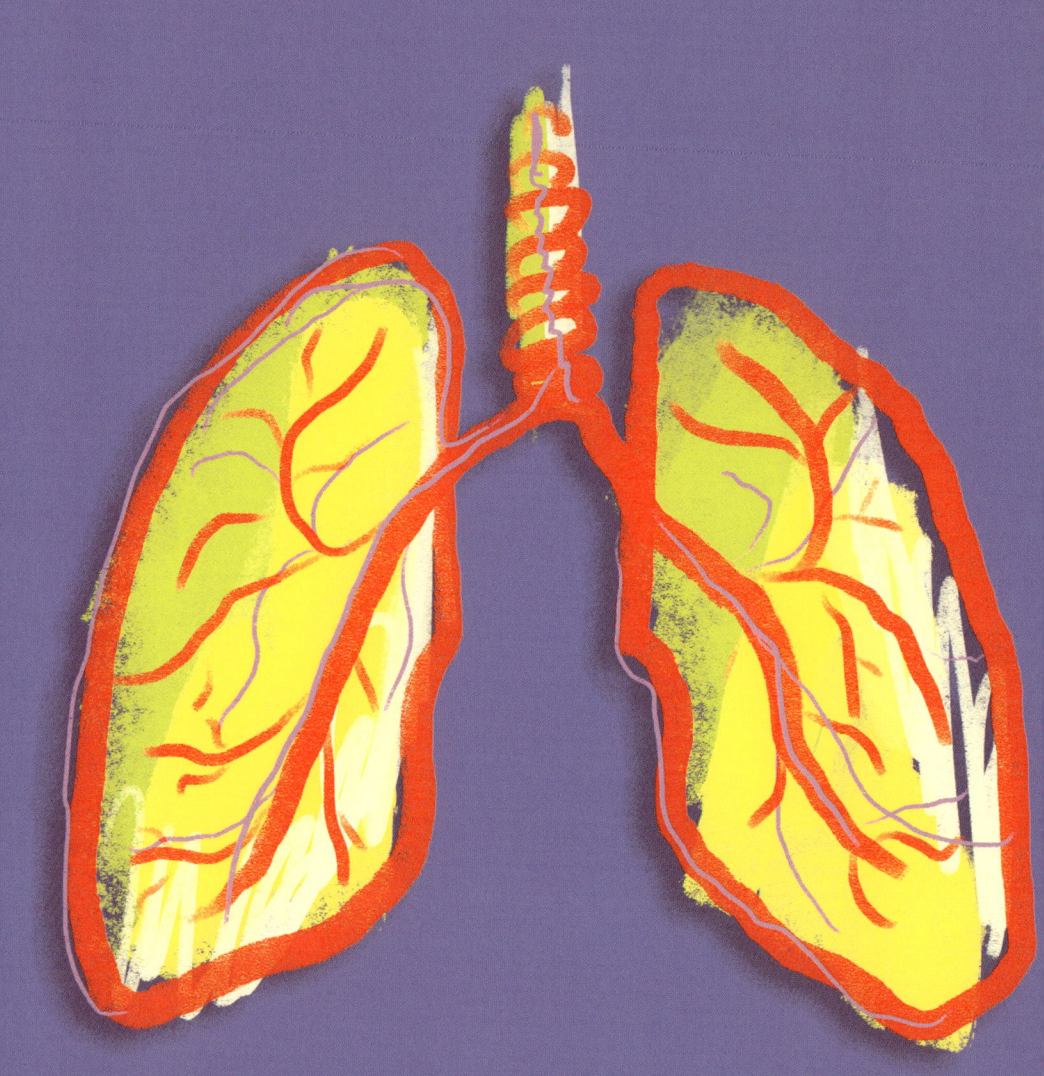

Kapitel 14

SPERR MAL DIE OHREN AUF!

Wisst ihr, was wirklich spannend ist? Wer auf seinen Atem hört, der kann nicht jammern. Das ist wirklich so, probiert es mal aus!

Dann fangt ihr nämlich an zu überlegen, dass eure Atmung normalerweise einfach passiert. Euer Körper macht das von ganz allein. Genauso wie euer Herz schlägt, eure Nieren arbeiten, euer Darm verdaut. Vielleicht kennt ihr diesen bösen Witz: Eine Blondine geht zum Coiffeur. Sie hat Kopfhörer auf, die er ihr zum Haarewaschen abnimmt – und prompt fällt sie tot um. Der Coiffeur ist noch vor Schreck erstarrt, als ihm bewusst wird, was da aus den Kopfhörern tönt: „Einatmen – ausatmen – einatmen ..."

Wenn ihr also darüber nachdenkt: Das, was uns banal erscheint, weil es einfach so passiert, entpuppt sich, sobald ihr darauf achtet, als etwas wahnsinnig Wertvolles. Das ist nur ein Beispiel für unsere unbewusste Kompetenz und für das, was da sonst noch so ist.

EINATMEN – AUSATMEN – EINATMEN ...

Es gibt jede Menge Wunder zu entdecken, wenn ihr einfach mal alle Sinne aktiviert ...

Abgebrochen

Ganz besonders ist mir in dem Zusammenhang ein junger Mann in Erinnerung, der damals, als ich noch im Konzern arbeitete, dort neben seinem Studium jobbte. Er war ungewöhnlich versiert, auffassungsschnell und verlässlich. Bald nahm ich ihn auch zu verschiedenen Anlässen mit.

ICH SPÜRTE EINE GANZ UNGLÜCKLICHE SCHWINGUNG

Irgendwann erzählte er mir zwischen Tür und Angel, dass er drauf und dran sei, sein Studium abzubrechen. Während er sprach, spürte ich eine ganz unglückliche Schwingung, die von ihm ausging. Es fühlte sich an wie Jammern. Und ich dachte: ‚Hmmm, er wirkt nicht so, als wäre er heute morgen aufgestanden und hätte sich voll Freude zu dieser Lösung entschlossen.‘

Ich bot ihm also an: „Wenn du magst, nehme ich mir die Zeit und wir schauen uns die Sache mal zusammen an. Ich habe keine Ahnung, was wir herausfinden werden, aber wir können es ja mal probieren ...“
Er willigte ein.

Weit gereist

Wir trafen uns ein paar Tage später. Ich leitete ihn zu einigen Atemübungen an, wie ich es mit Kunden heute noch oft tue: Ich lasse sie nicht nur das Ein- und Ausatmen beobachten, sondern ich lasse sie zum Beispiel auch aufstehen, eine stabile Haltung finden und den Atem durch den ganzen Körper auf die Reise schicken. Oder nicht in die Brust, sondern in den Bauch atmen. Oder auch nur zählen, wie oft sie innerhalb von 30 Sekunden ein und ausatmen. Durch solche Übungen wird es immer ganz fantastisch ruhig im Raum – experimentiert mal selbst damit.

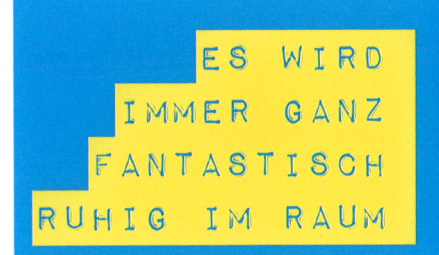

ES WIRD IMMER GANZ FANTASTISCH RUHIG IM RAUM

In dieser Ruhe schickte ich den jungen Mann auf eine gedankliche Reise. Ich bat ihn, sich durch sein Studium hindurch floaten zu lassen – so wie in dem Science-Fiction-Film „Die phantastische Reise", in dem sich eine Forscher-Crew auf Miniaturformat schrumpfen lässt, um über die Blutbahn durch einen menschlichen Körper reisen zu können.

Darauf konnte er sich gut einlassen. Wir konnten herausfinden, dass sich in seinem Kopf die Idee festgesetzt hatte, dass er dieses Studium nur für seinen Vater hatte absolvieren wollen. Und da sein Vater vor Kurzem gestorben war, könne er ja jetzt damit aufhören.

Anschließend stellte ich ihm weitere Fragen zu seinem Studium ...

Ausgetrickst

Ich erkundigte mich nach spannenden Begegnungen mit Professoren oder Kommilitonen und nach aufregenden Projekten oder Praktika. Ich wollte wissen, was man mit diesem Studium überhaupt später anfangen kann. Und – siehe da – er sprudelte nur so: In den schillerndsten Farben beschrieb er seine Erfahrungen an der Uni, sprach von den Möglichkeiten, die ihm sich durch das Studium boten, stand auf und malte seine Vorstellungen auf ein Flipchart. Kurz gesagt: Er war Feuer und Flamme.

SEIN ATEM VERÄNDERTE SICH, WÄHREND ER SO ERZÄHLTE.

Ich beobachtete fasziniert, wie sich sein Atem veränderte, während er so erzählte. Der Unterschied war so frappant, dass er ihm selbst auffiel. Denn auf einmal drehte er sich vom Flipchart zu mir hin und sagte: „Jetzt hast du mich aber schön ausgetrickst!"

Er hatte sich selbst vor Augen geführt, wie ihn dieses Studium stärkt und was er alles vorhat, damit zu tun. Ohne dass er es gemerkt hatte, hatte er mir seine Vision erklärt. Dabei ging ihm etwas auf.

Ausverkauft

Er machte dieses Studium für sich. Nicht für seinen Vater oder sonst wen, sondern nur für sich.

Die Geschichte war nämlich die gewesen: Er war für das Studium von Zuhause weg in ein anderes Land gegangen, hatte aber ein schlechtes Gewissen deswegen. Also hatte er sich als Ausrede für diesen Schritt den Wunsch des Vaters als Grund verkauft. Doch dieser Grund fiel mit dem Tod des Vaters weg. Deshalb sah er sich quasi gezwungen, wieder nach Hause zurückzukehren.

Er hatte die Ausrede nicht als solche erkannt, sondern nur über den Zustand gejammert. Erst als er sich von mir hatte „verführen" lassen, über seine schönen Erlebnisse zu reden, konnte er sich davon lösen. Denn kein Mensch kann schöne Erlebnisse erzählen und gleichzeitig jammern. Das geht nicht. So konnte er endlich erkennen, was das Studium für ihn bedeutet und was für ihn da Tolles drin ist. Die Situation war geklärt.

KEIN MENSCH KANN SCHÖNE ERLEBNISSE ERZÄHLEN UND GLEICHZEITIG JAMMERN.

Er brach sein Studium nicht ab, sondern bestand mit Bravour.

Anschließend ging er für ein Zusatzstudium noch in ein weiteres Land. Diese Entscheidung konnte er ganz befreit selbst treffen, er brauchte keine Ausrede mehr.

Heute ist er ein erfolgreicher, innovativer, junger Unternehmer. Da seht ihr, was alles geht, wenn einer aufhört zu jammern. Ist das nicht klasse?

Kapitel 15

SCHAU DOCH MAL HIN!

Was beim einzelnen Menschen bewirkt, dass er sich von seinem Jammern lösen und seine Aufmerksamkeit auf seine Möglichkeiten richten kann, ist ganz unterschiedlich. Der junge Mann aus dem vorherigen Kapitel war sehr auditiv geprägt: Sich selbst von seiner Vision erzählen zu hören, hat unglaublich viel in ihm in Bewegung gesetzt.

Ich zum Beispiel bin eher der visuelle Typ: Bei mir lösen Bilder sehr viel aus. Wahrscheinlich ist bei mir deshalb eine extrem entscheidende Erkenntnis zum Thema Jammerland mit einem ganz spezifischen Bild verknüpft.

MEINE ERKENNTNIS ZUM THEMA JAMMERLAND IST MIT EINEM BILD VERKNÜPFT.

Mein Weg

Ihr müsst wissen, dass ich unter anderem Erlebnispädagogik studiert habe. Ein Teil dieser Ausbildung war die eigene Biografie-Arbeit.

Im Rahmen dieses Teils waren wir Seminarteilnehmer mit der Fähre von Genua aus auf die Peleponnes gelangt und dann mit Kajaks die Küste entlang gepaddelt. Wir gingen immer wieder an Land und biwakierten dort.

In einer besonders schönen Bucht landeten wir an und bekamen die Aufgabe, in diesem Areal einen Ort zu suchen, der für unsere Geburt stand. Anschliessend sollten wir in einer kreativ-rituellen Gestaltung unsere Biografie mit all den Ups und Downs zeigen. Wir sollten dafür nur Materialien verwenden, die wir vor Ort in dieser Bucht fanden.

Ich lief also los. Ich sammelte alles ein, was mir geeignet schien, um mein Leben darzustellen, und hielt gleichzeitig Ausschau nach dem „Ort meiner Geburt". Lustigerweise fand ich ausschliesslich einzelne Schuhe und alte Flaschen. ‚Na gut', dachte ich und trug all meine Fundsachen an einem Fleck zusammen.

Als ich das Gefühl hatte, dass ich genug gesammelt hatte, fing ich an, die Schuhe und Flaschen zu sortieren. Dabei entdeckte ich, dass just an diesem Fleck eine ganz kleine Quelle war, aus der Wasser blubberte. Und ich dachte: ‚Das ist perfekt. Das ist der Ort meiner Geburt.'

Ich sehe

Ich wusste schon, dass ich – um mein Leben visualisieren zu können – mich an diesen Fleck stellen und schauen sollte, wie der Weg von der Geburt an so verlaufen war. Das tat ich. An allen Stationen meines Lebens, an denen es mich „aus den Latschen gerissen" hatte, habe ich einen einzelnen Schuh positioniert. Das war die erste Zeit meines Lebens ziemlich oft: Ungefähr alle zwei Jahre war ich umgezogen, kam in ein anderes Familienumfeld, eine andere Schule.

Gleich neben jeden Schuh stellte ich eine der Flaschen. Diese waren auch nie ganz leer: In der einen befand sich ein bisschen Meerwasser, in der anderen ein Pflanzenteil, in der dritten Sand und Steinchen und so weiter. Ich sah mir die Flaschen mit ihrem Inhalt an und stellte die jeweils passende zu der Schuh-Station.

Die Leiterin des Projekts kam anschliessend zu jedem einzelnen Teilnehmer und liess sich das ausgelegte Bild erklären. Als ich dran war, erzählte ich ihr also von meinen Stationen und was damals passiert war. Sie betrachtete den Weg mit den Schuhen und Flaschen fasziniert und sagte zu mir: „Das ist ja total spannend!"

Ich war erstaunt, denn ich fand mein Bild alles andere als spannend. Deshalb fragte ich: „Was meinst du?"

DU HAST IMMER ETWAS GESEHEN, DAS DICH GESTÄRKT HAT.

Sie antwortete: „Schau: Immer da, wo du sagst, dass es dich aus den Latschen gehauen hat, steht auch eine Flasche mit etwas drin. Das heisst, du wurdest immer mit etwas genährt. Du hast immer etwas gesehen, das dich gestärkt hat."

Ich staunte. Und ich ging mit diesem Blick meinen Lebensweg noch einmal durch und verstand, warum ich bin, wie ich bin. Da machte es „Klick" bei mir.

Sehen lernen

Bis dahin hatte ich immer gedacht, dass ich nicht richtig sei, dass etwas mit mir nicht stimme. Aber jetzt erkannte ich: Ja, ich bin anders als die meisten, aber das macht auch Sinn. Ich konnte von klein auf in meiner Biografie stets die stärkenden Elemente, die mir begegnet sind, wertschätzen. Mein Fokus lag immer auf diesen positiven Erfahrungen und waren sie noch so subtil. Ich nahm sie wahr.

Ich durfte auch bei den anderen Teilnehmern lauschen, wie

sie ihre Biografiebilder erklärten. Und ich stellte fest: Die meisten nahmen diese Erfahrungen eben nicht bewusst wahr und mussten sie erst mühsam herausarbeiten. Entsprechend war ihr Lebensgefühl vor dieser Biografie-Arbeit von der gefühlten Abwesenheit dieser Stärkung geprägt, ihr ganzes Denken und Handeln war von diesem Mangelgefühl beeinflusst. Schlimm.

Licht an

Die Biografie-Arbeit knipst das Licht auch in den Ecken an, die die Betroffenen aus irgendwelchen Gründen einmal ausgeblendet haben. Diese Gründe können auch scheinbar unwichtig sein: Vielleicht gab es da einmal eine allerbeste Freundin, die aber dann mit ihrer Familie weggezogen ist. Und aus Schmerz über diesen Verlust wird die gesamte stärkende Zeit mit ihr in die hinterste Nische gedrängt. Solche Ereignisse entscheiden darüber, wie ein Mensch sein Leben als Ganzes wahrnimmt. Ob er das Gefühl hat, nur jammern zu können, oder ob er auf die stärkenden Elemente vertraut.

Doch das ist das Gute an der Biografie-Arbeit: So bringt ihr die Wahrnehmung eures Lebens wieder in die Balance, denn die stärkenden Elemente sind immer da. Ihr müsst sie nur als solche erkennen und würdigen.

Danach könnt ihr aus der ganzen Fülle eurer Möglichkeiten schöpfen, weil euer Blick nicht mehr verstellt ist.

Dann könnt ihr darüber entscheiden, was das Leben mit euch macht und nicht umgekehrt. Dann seid ihr in der Lage, euer Ding zu machen und nach den Sternen zu greifen.

DANACH KÖNNT IHR AUS DER GANZEN FÜLLE EURER MÖGLICHKEITEN SCHÖPFEN.

Epilog

ICH MACH' MEIN DING!

Wenn ihr mich fragt, wann die beste Zeit ist, euer Ding zu machen, will ich euch eine klare Antwort geben: Diese Zeit ist jetzt!

Das liegt bei Weitem nicht nur daran, dass in den meisten europäischen Ländern schon so lange Frieden herrscht und dass die wirtschaftliche Lage gut ist. Es gibt etwas, das noch wichtiger ist.

Leicht wie nie

Ihr kommt heute unkompliziert und leicht an so ziemlich jedes Wissen, für das ihr euch interessiert: Früher musstet ihr euch durch riesige Bibliotheken wühlen oder um die Hilfe der Angestellten bitten. Heute genügen ein paar Klicks zu Hause am Laptop.

Und was ich noch entscheidender finde: Es ist so viel einfacher geworden, die richtigen Menschen für euer Projekt zu finden. Heute könnt ihr sagen: „Ich habe da eine Idee.

Mal sehen, ob es da schon eine Gruppe gibt, die sich mit dem Thema beschäftigt, oder Produkte irgendwo auf der Welt, an die ich anknüpfen kann." Ihr könnt euch vernetzen und mit Gleichgesinnten auf der ganzen Welt austauschen. Ihr seid an keine Grenzen mehr gebunden, um euer Ding voranzutreiben.

IHR SEID AN KEINE GRENZEN GRENZEN MEHR GEBUNDEN.

Nutzt eure Chance, denn wenn einer sein Ding durchzieht, kommt immer etwas Tolles dabei raus. Und zwar nicht nur für ihn.

Wirkung statt Aufmerksamkeit

Das echt Tolle daran, wenn ihr euer Ding durchzieht, ist nämlich, dass es immer auch in die Gesellschaft hinein wirkt. Ego-Inszenierungen dagegen, bei denen es nur um Prestige-Sternchen und Aussenwirkung geht, tun das nicht. Damit erschöpfen sich Menschen im wahrsten Sinne des Wortes in der Suche nach der Aufmerksamkeit, die sie vielleicht in der Kindheit nicht bekommen haben. Die arbeiten aus einem inneren Mangel heraus.

Deshalb fühlen sich so viele Menschen durch ihr Tagwerk erschöpft. Sie fühlen sich am Abend ausgelaugt, aber nicht weil sie durch ihre Arbeit über- oder unterfordert sind. Sondern weil sie etwas tun, das nicht ihrem Hauptanliegen dient.

Das, was sie tun, ist nicht ihr Ding. Es geht gegen ihre Natur und erfordert einen enormen Energieaufwand.

Vielleicht kennt ihr das vom Wintersport: Es gibt genügend Skifahrer, die quälen sich die schwarzen Pisten mit Kraft hinunter und sind am Abend mausekaputt. Die aber, deren Ding das ist, wedeln mit perfekter Technik und leichten Herzens hinunter und gehen am Abend noch tanzen.

Sobald ihr eure eigenen Schätze erst einmal erkannt habt, braucht ihr die Aufmerksamkeit von aussen, dieses ganze Prestige-Gedöns nicht. Ihr könnt aus eurer eigenen Fülle schöpfen. Eure Energie, euer Ding zu machen, ist unendlich. Und ihr werdet nach aussen wirksam.

IHR KÖNNT VOLLER ENERGIE AUS EURER EIGENEN FÜLLE SCHÖPFEN UND EUER DING MACHEN.

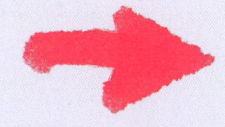

Simply the best

Mit diesem „in die Gesellschaft wirken" meine ich gar nicht, dass ihr immer das ganz grosse Rad drehen müsst, um etwas zu bewegen. Schon wenn ihr in eurem direkten Umfeld wirkt, ändert ihr die Welt ein Stück. Und das tut ihr immer, wenn ihr euer Ding macht: Damit werdet ihr nämlich automatisch zu Role Models für andere. Ihr löst einen positiven Schneeballeffekt aus, denn ihr lebt vor, dass es nicht das Jammern ist, das voranbringt, sondern nur der Glaube an euch und eure Sache.

UND AUF EINMAL KAM DIE KRAFT.

Schaut euch zum Beispiel Tina Turner an: Sie hat trotz der gravierenden Downs in ihrer Biografie immer an sich geglaubt. Sie hat sich ihre Würde nicht nehmen lassen und ihr Ding gemacht. Sie hat sich getraut, sich selbst aus der extremen Ausnahmesituation, in der sie lange Jahre mit ihrem prügelnden Ehemann und Gesangspartner war, zu befreien. Und auf einmal kam die Kraft.

Spannenderweise schauen in so einem Fall auch alle hin. Denn überlegt mal: Die Bücher, die am meisten gelesen werden, sind Biografien von Menschen. Besonders interessant sind Biografien von denjenigen, die nicht ihr ganzes Leben auf der Sonnenseite verbracht haben.

Die hätten vielleicht sogar Grund, zu jammern, aber haben trotzdem ihr Ding gemacht – against all odds. Ihre Geschichten beflügeln, weil diese Sehnsucht in uns allen steckt.

Adieu und Willkommen

Hey, es gibt Menschen, die sich sogar unter widrigsten Umständen nicht unterkriegen lassen, die in Kriegsgebieten leben, die keinerlei Startkapital haben, und es trotzdem schaffen. Warum solltet ihr es nicht auch schaffen, da ihr wahrscheinlich ungleich bessere Voraussetzungen habt?

DIE ZEIT DAFÜR WAR NIE BESSER, UM DIE FLÜGEL AUSZUSTRECKEN UND ZU FLIEGEN.

Glaubt mir: Die Zeit dafür war nie besser als jetzt. Wer heute nicht seine Flügel ausstreckt und fliegt, der wird es bereuen. Ihr verpasst so viel, wenn ihr diesen Schritt nicht tut. Deshalb sagt „Adieu" zu Jammerland und „Willkommen" zu eurem Ding. Jetzt!

Ich wünsche euch gaaanz viel Freude dabei!

Vita

YVETTE REINBERGER

Den entscheidenden Unterschied macht für Yvette Reinberger die Haltung. Denn mit der richtigen Haltung ist gar kein Platz für jammern oder Trübsal blasen. Viel lieber kommt Yvette ins Handeln, damit sich etwas bewegt.

Die Autorin lebte schon in vielen Ländern und tauchte in zahlreiche Kulturen ein. Immer im Gepäck: die Begeisterung für Menschen, Kommunikation und Bildung.

Und immer ist sie offen für Gespräche, die viel tiefer gehen als Small Talk. Dank ihres unbändigen Wissensdursts studierte die schweizerische Frohnatur nach der handwerklichen Ausbildung gleich noch Neurolinguistik, Erlebnispädagogik und kognitive Neurowissenschaften. Yvette Reinberger versteht sich als Forscherin, die alle Aspekte des Menschseins vom Grund auf erforscht und lebt.

Als Mentorin ermutigt sie junge Führungskräfte, ihre individuellen Talente zu entdecken und einzusetzen. Und auch in Unternehmen spürt die Impulsgeberin und Vortragsrednerin ungenutzte Potenziale auf. Mit ihrer direkten und pragmatischen Art bringt sie in ihren Gruppenworkshops Menschen zusammen. Ziele werden klar und Erkenntnisse möglich. Yvette Reinberger findet gemeinsame Nenner und Kommunikationswege, wenn Sie die Suche danach bereits verloren glauben.

Mehr zu Yvette Reinberger und ihrem Angebot finden Sie hier: www.yvette-reinberger.ch

IMPRESSUM

Erscheinungsjahr 2020
1. Auflage
Copyright Yvette Reinberger
www.yvette-reinberger.ch

Umschlaggestaltung: extract.design
Coverfoto: André Bakker
Illustration, Layout und Satz: extract.design
Verlag: Yvette Reinberger
Druck: Alföldi, Debrecen/Ungarn
Printed in Hungary
klimaneutrale Produktion
Produziert von: Gorus Media GmbH

ISBN: 978-3-947572-55-7

Gorus Certified Publication ist ein Qualitätssiegel für Bücher, die im Selbstverlag ihrer Autoren erscheinen. Es stellt für Sie, den Leser, die konzeptionelle, gestalterische und textliche Qualität sicher. Dafür wurde dieses Buch von einer Jury aus erfahrenen Buchprofis detailliert geprüft und nach den Qualitätskriterien bewertet, die die Unternehmensgruppe Gorus in jahrzehntelanger erfolgreicher Arbeit im deutschsprachigen Sachbuchmarkt entwickelt hat. Nur Büchern, die diesen Kriterien genügen, wird das Gütesiegel verliehen.
Weitere Informationen: www.certified-publication.de